Couvertures supérieure et inférieure
manquantes

A TRAVERS LE MORVAND

Dʳ E. BOGROS

A TRAVERS

LE MORVAND

MŒURS, TYPES, SCÈNES ET PAYSAGES

CHATEAU-CHINON,
Chez Dudragne-Bordet & Buteau, lib.-éditeurs,
1873.

AVANT-PROPOS

AVANT-PROPOS

Ce livre n'est pas une histoire du Morvand; cette histoire existe [1]. *Il n'est pas non plus une description de cette contrée dans toute son étendue géographique; un volume ne suffirait pas à cette tâche; la nôtre est plus modeste. Dans nos excursions professionnelles à travers notre pays, nous avons été à même de l'étudier sous ses aspects les plus divers et souvent les moins connus. Esquissant ici un type pittoresque, là un*

---

[1] M. l'abbé BAUDIAU, — Le Morvand, 3 v. in-8°.

coin de paysage, plus loin une scène de mœurs, nous avons cherché à saisir sur le vif les traits saillants de cette physionomie originale et parfois charmante, car le Morvand n'est calomnié ou dédaigné que de ceux qui ne le connaissent pas. Cette esquisse, si incomplète, si imparfaite même qu'elle nous paraisse, nous la publions. Hier encore peut-être, le lecteur eût pu lui reconnaître un faible mérite, celui de la fidélité; demain, l'aura-t-elle encore ?.... Le temps marche en effet, et la tombe où dorment déjà les mœurs, les croyances, la langue des aïeux se creusant tous les jours, ces pages seront souvent un adieu au passé.

Qu'elles te soient surtout une offrande, Terre maternelle ! A toi ces impressions, ces souvenirs glanés dans tes montagnes ! Reçois-les comme un humble bouquet de tes genêts et de tes bruyères ! Fleurs sauvages et sans parfums, puisqu'elles ne peuvent être pour toi une parure, qu'elles soient du moins un filial hommage à ta beauté méconnue !

A TRAVERS LE MORVAND

MŒURS, TYPES, SCÈNES ET PAYSAGES

CHAPITRE I

UN MOT DE GÉOGRAPHIE, DE GÉOLOGIE ET D'HISTOIRE.

Le Morvand Nivernais [1], le seul dont nous parlerons, occupe à peu près le cinquième du département de la Nièvre. Il en comprend toute la région orientale, limitée par une ligne dont la direction serait du nord au midi, passant entre Cervon et Lormes, par Saint-Péreuse, Saint-Honoré et Remilly. Il forme l'extrémité septentrionale de la région géologique désignée sous le nom de *plateau central*, et se compose d'un groupe de montagnes de troisième hauteur, aux cimes arrondies et généralement boisées.

[1] Le Morvand proprement dit s'étend sur les départements de la Côte-d'Or, de Saône-et-Loire et de l'Yonne.

Le sol du Morvand est un terrain primitif ayant pour base les roches granitique et porphyrique. Les granits y sont tantôt à gros grains, utilisés dans les constructions du pays, tantôt à grains fins, où l'industrie peut puiser d'importants produits. Il en est de même des porphyres qui se rencontrent en vastes filons ou en petits amas isolés. Ils s'étendent transversallement de l'ouest à l'est sur une ligne qui embrasse les communes de Montreuillon, Montigny, Blismes. Châtin, Ouroux, Montsauche et Moux. Des amas peu considérables et sans importance sont disséminés sur un grand nombre de points.

Les terrains de transition se montrent dans toute la partie méridionale du Morvand. C'est sur ce terrain que se remarquent ses plus belles forêts, notamment les *Bois du Roi et la forêt de la Gravelle.*

Toutes les autres parties du Morvand sont granitiques : c'est la constitution des pays pauvres, c'est encore

« La terre de granit recouverte de chênes »

où se plaisent la bruyère, ce rhododendron de nos Alpes en miniature, et le genêt, « cette fleur d'or de la lande, » mais que dédaigne le froment superbe. Le Morvand est en revanche la terre promise du seigle, du sarrazin et de la pomme de terre.

La pomme de terre surtout, « ce petit pain tout fait, » comme l'appelle Alph. Karr, est la manne de nos montagnes; elle y conserve, avec un de ses noms primitifs [1], les qualités essentielles qui la distinguent et qu'elle doit à la nature du sol.

Ce sol, en raison de sa constitution, de son peu de profondeur, et surtout du mode d'exploitation des bois [2], ne peut offrir la végétation vigoureuse qui donne naissance aux forêts proprement dites, mais les essences qui s'accommodent d'un terrain sec et aride s'y groupent en une multitude de buissons et de taillis. « Là règnent le houx au feuillage toujours vert, l'humble genévrier, le chêne trapu, le robuste *foyard*, tous les végétaux noueux et vivaces, à la rude écorce, à la sève amassée et condensée [3]. » Le Morvand est littéralement le **Bocage** du centre de la France. Encore très boisé aujourd'hui [4],

---

[1] En Morvand la pomme de terre se nomme *treuffe* (truffe) : c'est le nom sous lequel elle est encore désignée dans — l'École du potager, en 1752.

[2] C'est le mode d'exploitation connu sous le nom de *furetage*, qui consiste à n'abattre de chaque cépée que les plus gros brins, propres à être convertis en *moulée*, et à réserver soigneusement les autres, jusqu'à ce qu'ils soient exploitables à leur tour.

[3] L. Alloury, — M. Dupin et le Morvand.

[4] Le quart de la superficie du Nivernais consiste en bois, et le Morvand en absorbe au moins la moitié.— M. Dupin, — Le Morvand.

il l'a été bien plus autrefois. Un coup d'œil jeté sur une carte de Cassini en fournit une preuve, corroborée par les noms d'un grand nombre de villages, dont les territoires sont évidemment autant de conquêtes faites sur les anciennes forêts [1].

Le Morvand est compris sous le nom de *Pagus Morvennensis* dans le tableau des *pagi* de la Gaule [2]. St Aumâtre, évêque d'Auxerre, lui donne la même dénomination, en 417 [3]. Ce *pagus* dépendait de la *cité* Éduenne.

Les opinions sont partagées sur la signification du mot *pagus* et sur l'origine de ces divisions territo-

---

[1] Forêt, en gaélique *coill*, en celtique *coat*, en latin *cotia*, *cautia*, a fourni Couse, Cuy, Cuzy, Quincize, les Cottets, etc. Nous citerons encore à titre de curiosité philologique : la Chaux, du celtique *Chod*, bois, (communes d'Alligny, de Dommartin, de Villapourçon). Les Ichards (essarts). Brenot, Brenet, *Brena*, fourré, bas latin. Bost, Labost, La Forêt, Breuil, La Faye, La Vernée, Le Vernet, l'Huy-Boulard, Le Chêne, Saulières, Montsaulnin, Coudray, etc. Les buis, qui atteignaient dans la Celtique une hauteur inaccoutumée, et qui croissent aujourd'hui de préférence sur les terrains calcaires du Jura et sur les schistes argileux des Pyrénées, nous ont laissé Bussy, Bussières, Buis, etc. Voir sur ces étymologies le savant ouvrage de M. ALFRED MAURY,—Les forêts de la Gaule.

[2] M. GUÉRARD, — Annuaire de la Société d'Histoire de France, 1837.

[3] M. l'abbé BEAUDIAU, — Le Morvand, t. I., p. 17.

riales. Pour les uns, le *pagus* s'entendait de la région occupée par les petites peuplades Gauloises, dont les *cités*[1] se composaient avant la conquête et sous la domination Romaine. Pour d'autres, ces arrondissements ont pris naissance sous les rois de la première race, à l'époque de l'organisation militaire et judiciaire Mérovingienne.

Indépendamment de l'origine ancienne que l'on est, dans certains cas, autorisé à présumer, on peut assigner aux *pagi*, mentionnés après la fin de l'Empire romain en Gaule, diverses causes d'établissement ou de formation; notamment une cause purement topographique, qui produisit ce qu'on appelle en géographie les *Contrées naturelles*, c'est-à-dire une contrée dont le périmètre est déterminé, soit par la configuration du sol, vallée, plateau étendu, région montagneuse, etc., soit par certains traits distinctifs, tels que la position près de la mer, l'aspect physique, etc.[2].

Quoiqu'il en soit de l'origine de cette dénomination, tout porte à croire que le Morvand, grâce

---

[1] Le mot *Cité*, qui depuis le IVe siècle n'exprime plus que la ville épiscopale, chef-lieu du pays, avait, à l'époque de la conquête, le sens de peuple ou de nation : la *Cité* Éduenne, la *Cité* Arverne, pour les peuples de ce nom.

[2] Entre autres : le pagus *Nigermontis*, en Limousin; l'Armorique (*Ar*, auprès, *Mor*, mer, en celtique), etc.

à sa physionomie si accentuée, revêtu d'ailleurs d'un nom celtique[1], avait déjà son individualité, alors même qu'il faisait partie de la grande *cité* Éduenne. Si cette individualité n'a pas laissé de traces, et si son nom n'est pas même prononcé dans l'histoire de la conquête, cela s'expliquerait par la raison qu'en donne un savant écrivain[2], à savoir : que le rôle actif dans les événements appartenait au peuple entier, à ses assemblées, à ses chefs, et que les fractions de la *cité* n'y devaient paraître qu'exceptionnellement. C'est donc dans l'histoire de l'importante peuplade dont il dépendait qu'il faut aller chercher celle du *pagus* morvandeau. Cette histoire est connue aujourd'hui dans ses principaux détails; personne n'ignore l'influence tour-à-tour triste et glorieuse, mais toujours considérable, qu'exerça sur

---

[1] Malgré l'opinion de M. Charleuf, d'après Pictet, Gruter et autres célèbres linguistes, nous persistons à admettre « montagnes noires » au lieu de « hautes cimes, » comme étymologie de Morvand. A moins qu'elles n'aient rapetissé en vieillissant, jamais nos montagnes, pas plus du temps des Celtes que du nôtre, n'ont dû mériter l'épithète de « hautes. » D'ailleurs, en raisonnant par analogie, n'est-ce pas l'aspect sombre de la verdure des forêts, ou des montagnes qu'elles recouvrent, qui a fait baptiser la Sierra « Morena, » en Espagne, la Sierra « Negra, » dans la nouvelle Grenade, la Forêt Noire, etc.

[2] M. Maximin Deloche, — Étude sur la Géographie historique de la Gaule, *passim*.

les destinées de la Gaule l'ambitieuse confédération des Éduens. Ce serait d'ailleurs trop nous éloigner de notre but que d'en relater ici les différentes phases; aussi laisserons-nous dormir sous sa poussière tant de fois séculaire ce passé grandiose de nos ancêtres, n'en retenant qu'un fait, le seul qui nous touche au point de vue où nous nous plaçons : c'est que le Morvand appartenait à la confédération *Gaélique* ou *Celtique pure* [1]; et nous verrons que si le pays a conservé ces deux grands traits caractéristiques de la terre Gauloise : la forêt et le pâturage, les habitants ont su garder également dans leurs mœurs, leurs traditions, leurs croyances, la forte empreinte de la vie de leurs pères. On peut dire du Morvand ce que M. Duruy a dit de la Vendée : « Émergé un des premiers du fond de l'Océan, il sera le plus fidèle aux vieilles institutions, le plus rebelle à l'esprit moderne; mystérieuse coïncidence entre l'antiquité du sol et le culte du passé. »

[1] H. MARTIN, — Nomenclature des peuples de la Gaule.

CHAPITRE II

CHAPITRE II

COUP D'ŒIL GÉNÉRAL SUR LE MORVAND ET SES HABITANTS.

« Le Morvand n'est pas un beau pays pour tout le monde. Comme tout ce qui a quelque mérite, il a ses partisans et ses détracteurs. Pour celui qui a de la prédilection pour les basses terres, qui aime à se faire bercer par une diligence sur la molle poussière des grandes routes, le Morvand est un pays trop montueux. Pour ceux au contraire qui préfèrent les pays montueux et fortement accidentés, le Morvand est une terre trop basse. Il n'a pas les agréments de sa laideur; c'est un individu qui a l'épaule tournée, mais qui n'a pas le mérite d'être bossu.

« Les montagnes du Morvand ne sont pas des montagnes d'artistes. Ce sont de bonnes grosses collines bourgeoises, toutes simples, toutes rondes, toutes unies; voilà tout. Elles ne disent rien à l'imagination. Elles ne racontent rien de ces grandes catastrophes qui ont bouleversé le monde. Vous diriez de grands tas de terre qu'au jour de la création Dieu a fait brouetter là. Elles ressemblent à ces vieillards insignifiants au front desquels les passions n'ont pas laissé de trace, et qui sont arrivés frais et rougeauds jusqu'aux confins de l'existence.

« Elles ne sont pas assez hautes, pas assez abruptes, pas assez dégradées; elles n'ont pas reçu assez profondément la sculpture des siècles; leurs rochers ne pendent pas, ils ne s'élancent pas en pitons, ils ne sont pas entassés d'une manière désordonnée les uns sur les autres. Donnez à une troupe de Marchois du mortier et des moëllons, ils vous en feront tout autant.

« Leurs eaux ne se précipitent pas assez, elles n'ont pas assez de bruit, assez d'écume, assez de colère; elles ne hurlent pas comme des bêtes féroces devant un quartier de roc qui les arrête; elles sont trop calmes, trop rassises. Ce ne sont pas elles qui voudraient se permettre d'emporter un pont; elles reculeraient devant un saut de vingt brasses. Elles ne sont bonnes qu'à faire tourner un moulin ou à soulever lourdement, l'un après l'autre, les marteaux d'un foulon.

« Leurs vallées sont trop larges ; elles n'ont pas un lit assez marqué ; les berges sont trop basses, trop plates, trop effacées ; le voyageur y a trop de ciel au-dessus de sa tête.

« Les montagnes du Morvand ont d'ailleurs un défaut capital ; elles n'ont pas de neiges à leurs sommets ; elles n'ont même pas de ces grands crânes jaunes et chauves qui tombent en ruines ; elles sont coiffées de chênes et de bouleaux prosaïques qui se vendent à Clamecy tant le décastère. Or, une montagne qui se laisse surmonter par la culture, qui se couronne d'arbres plantés par l'homme, c'est une montagne qui porte perruque. Si j'étais oiseau, je ne voudrais pas m'arrêter sur ces cimes que hantent les gardes forestiers. Si j'étais ouragan, je dédaignerais d'agiter ces feuillages postiches.

« Un autre reproche qu'on peut adresser au Morvand, c'est qu'il n'est pas un pays d'aventures ; vous ne rencontrerez pas sur ses sommets de ces horribles précipices, où pour rouler jusqu'au fond on met une demi-journée ; vous pouvez les parcourir en tout temps et en toute saison, en tout temps et en tout lieu avec une carriole d'osier. Vous exploreriez d'un bout de l'année à l'autre ces honnêtes et inoffensives montagnes, que vous n'auriez pas la satisfaction, à moins que vous ne le fissiez exprès, d'y rencontrer une entorse. Il vous faudra regagner le domicile conjugal sans avoir pu mettre en portefeuille la moindre scène un peu dramatique, sans avoir le moindre accident à raconter à votre famille terrifiée. Aussi, le Morvand n'est-il pas fréquenté des touristes.

« Voilà ce que j'ai entendu dire plusieurs fois à des poètes et à des artistes. »

Ainsi parle Claude Tillier[1] d'après des « artistes » et des « poètes. » Si l'exactitude de cette piquante esquisse, que nous n'avons pas eu le courage d'abréger, égalait sa verve humouristique, ce livre ne devrait pas voir le jour ; à quoi bon décrire la vulgarité ? elle n'a d'attraits pour personne. Mais nous soupçonnons fort les artistes et les poètes dont le pamphlétaire niverniste nous a transmis les impressions, qu'il a le bon goût d'ailleurs de ne point partager, de n'être jamais venus puiser dans nos montagnes des inspirations pour leur plume ou leur pinceau. Effrayés sans doute par la mauvaise réputation du Morvand[2], ils se seront bornés à contem-

---

[1] C. Tillier, — Œuvres, t. 2, p. 258.

[2]   Il ne vient du Morvand,
   Ni bonnes gens, ni bon vent,

dit un proverbe où la réputation du Morvand nous paraît sacrifiée à la richesse de la rime.

pler de loin ce noir pays qui ondule et se profile à
l'horizon comme une nuée orageuse, ce sombre
repaire des loups et de l'hiver [1], et n'auront pas osé
en franchir le seuil. Pour nous, moins timides, si
le lecteur veut bien nous suivre dans cette Thébaïde
redoutée, nous nous y engagerons résolument; nous
en affronterons ensemble les pentes raides et rocail-
leuses; nous pénétrerons sous les ombrages de ses
forêts solitaires; nous nous assoierons au foyer de
ses rustiques demeures, et si notre compagnon de
voyage regrette son temps et sa peine, il ne devra
s'en prendre qu'à son guide.

Ce n'est pas, hâtons-nous de le dire, que le Morvand nous paraisse une merveille de pittoresque et
d'originalité; notre tendresse pour lui ne peut nous
aveugler à ce point, et les fanatiques de la couleur
locale trouveront même, nous le craignons, que la
nôtre manque un peu de relief et de vivacité. Mais
enfin, il faut des paysages pour tous les goûts: le
gracieux a sa beauté comme le sublime, et aux yeux
de beaucoup de gens un *Watteau* vaut un *Salvator
Rosa*.

Cela posé, et le lecteur dûment averti, qu'il nous

---

[1] Si l'on en croit au moins le terrifiant frontispice
dont M. Malte-Brun, dans sa Géographie illustrée, a
gratifié la Nièvre, probablement à l'intention du Morvand: la scène représente un paysan poursuivi par
une bande de loups, dans une forêt d'aspect sibérien

permette de lui présenter, un peu au rebours de l'usage, le maître du logis.

Toute population porte l'empreinte des lieux qu'elle habite, et, de même que la race façonne l'individu, c'est le pays qui façonne la race. Les touristes observateurs perdent une belle occasion de vérifier une fois de plus l'exactitude de cette loi ethnologique en ne *découvrant* pas le Morvand. Ces montagnes de moyenne hauteur que couronne une végétation trapue mais vigoureuse; ces eaux agiles et bruyantes, courant follement sur leur lit de cailloux; ce sol rebelle, qu'il faut violenter comme le Protée antique pour lui arracher les rares trésors qu'il renferme, diront aux voyageurs de l'avenir que dans ce pays doit exister une race d'hommes robuste comme ses chênes, vive comme ses ondes, rude comme son granit : tels sont en effet les signes caractéristiques de la population morvandelle.

Un trait non moins saillant et que nous nous plaisons à indiquer en première ligne, car il est à la louange de son cœur, c'est que ce *Higlander* de la Nièvre, comme le fils des âpres régions du Nord, d'autant plus attaché à sa terre natale qu'elle lui est plus ingrate, a l'amour de son pays. Tous les biographes du Morvandeau sont d'accord sur ce point : « Il aime son endroit, son clocher, sa maison; il vante le petit coin du monde qu'il habite[1]. » Rien

---

[1] M. L. ALLOURY, – l. c.

là d'ailleurs qui doive nous surprendre. Si inculte et si grossier que soit l'homme, pourquoi ne renfermerait-il pas dans son âme un sentiment poétique qui se révèle et s'épanouit au spectacle des beautés de la nature? Et où la nature lui apparaîtra-t-elle plus admirable et plus séduisante que dans nos montagnes ? Quel autre séjour pourrait lui donner l'équivalent des jouissances et des bienfaits qu'il y trouve? Ces horizons changeants, magique panorama qui se déroule sans cesse à ses regards; ces sites si divers et si riches dans leur pauvreté, où le printemps étale toutes ses grâces et l'hiver toutes ses tristesses, le charment et l'émeuvent souvent à son insu, tandis que l'air vif et pur qu'on respire sur les hauteurs fait couler dans ses veines la vigueur et la santé.

Donc le Morvandeau aime ses montagnes. Il est bien inspiré d'ailleurs, car l'émigration lui est mauvaise; comme le berger écossais, c'est une plante de rocher, il faut que sa racine soit dans le granit.

On dirait qu'il existe entre ce pauvre sol et ses habitants une sorte de lien mystérieux qu'ils ne brisent pas impunément.

Nous avons lu quelque part que, dans la désastreuse retraite de Russie, les soldats du Morvand, malgré la vigueur de leur constitution et leur acclimatement aux rigueurs de l'hiver, succombaient les premiers aux atteintes de ce terrible auxiliaire de l'ennemi. N'est-ce point parce qu'à l'action du climat venait se joindre l'influence énervante de la nostalgie? Parce que l'aspect de cette nature désolée, couverte de son blanc suaire, leur rappelait, douloureux mirage, le pauvre pays qu'ils désespéraient de revoir?

La phthisie pulmonaire, jadis presque inconnue dans nos contrées, y fait aujourd'hui de nombreuses victimes parmi les émigrants que l'appât d'un gain, souvent illusoire, attire à Paris, mais qui, fidèles au foyer natal, y reviennent volontiers mourir[1].

Devons-nous ajouter que, déplorable ici au point de vue physique, l'émigration y serait plus redoutable encore au point de vue moral. D'un esprit fin et rusé, mais crédule à l'excès, le Morvandeau, qui n'est pas français pour rien sous ce rapport, se prend avec une facilité singulière aux paroles des avocats de village, libres-penseurs fantaisistes en matière de religion aussi bien que hardis réformateurs en politique; de là, ces doctrines étranges et malsaines, ces dangereuses utopies rapportées des villes, qui commencent à germer et finiront par

---

[1] Nous ne parlons pas ici des émigrants très temporaires, comme le *galvacher* qui descend des montagnes pour se livrer à l'industrie des charrois dans le bas pays, ou la *nourrice sur lieu* dont nous dirons quelques mots plus loin.

prendre racine sur ce dur granit morvandeau si longtemps rebelle à leur détestable influence.

C'est bien le cas de répéter avec le poëte :

Aux voix qui vous diront la ville et ses merveilles,
N'ouvrez pas votre cœur, paysans, mes amis !
A l'appel des cités n'ouvrez pas vos oreilles ;
Elles donnent, hélas ! moins qu'elles n'ont promis.

Laissez chanter le chœur des machines stridentes ;
Laissez les noirs engins hurler à pleins ressorts ;
De vos sages aïeux gardez les mœurs prudentes,
Et comme ils ont vécu, vivez — calmes et forts [1] !

La vertu traditionnelle des montagnards, l'hospitalité, peut également se porter à l'actif du Morvandeau ; plus pauvre que lui, fût-il un *Gaud* ou un *Mandrin* [2], trouve toujours place à son foyer et à sa gamelle.

---

[1] J. Autran, — La vie rurale.
[2] Souvenir des Bagaudes, paysans gaulois révoltés contre la fiscalité romaine, qui saccagèrent Autun à la fin du IIIe siècle, et du célèbre bandit qui l'assiégea au siècle dernier.

On a dit que le désintéressement n'était pas une vertu de montagne[1]; cela peut être vrai dans certaines contrées à la mode, en Suisse par exemple, dans les Pyrénées, ces grands chemins du tourisme, où l'étranger est devenu une proie et l'indigène un détrousseur. De ce côté du moins le Morvand a le bénéfice du dédain qu'il inspire; le paysan, que le voyageur n'a pas gâté, s'y montre obligeant sans calcul et poli sans bassesse. Comme dans tous les pays pauvres où le premier besoin est le besoin d'argent, il est âpre au gain, d'une économie souvent exagérée; mais il aime le travail, et si les indigents sont nombreux dans nos montagnes, les mendiants y sont rares.

De même qu'elles ont leur salubre atmosphère et leurs sites particuliers, les hauteurs ont leurs sensations propres. Sur les sommets, l'homme, plus près de Dieu, semble mieux comprendre l'infini. Le spectacle de l'immensité chasse du cœur l'ironie et le doute, et le livre, qu'il le veuille ou non, aux simples croyances. Aussi, ne soyons pas surpris que le Morvandeau ait la foi, mêlée, cela va sans dire, à son alliage ordinaire, la superstition; trop peu éclairée souvent pour le défendre des écarts de la vie, mais assez sincère du moins pour lui apprendre à bien mourir.

[1] H. TAINE.—Voyage aux Pyrénées, p. 211.

Là se borne, croyons-nous, le chapitre des qualités de la race morvandelle. Passons à celui des défauts. M. Dupin lui en relève quatre principaux qu'il énumère avec un soin particulier : 1° l'ivrognerie ; 2° les vols de bois ; 3° la disposition à plaider ; 4° la manie d'acheter sans avoir de quoi payer[1]. Nous laisserons provisoirement de côté, pour lui consacrer plus loin un chapitre à part, le premier de ces vices ; le dernier nous paraît assez véniel pour être passé sous silence ; quant aux deux autres, ils méritent qu'on s'y arrête un instant.

Le paysan morvandeau est *voleur de bois*, c'est incontestable. Voilà un point, par exemple, sur lequel ce descendant des Celtes a complétement divorcé avec ses croyances d'autrefois. Si jadis il adora les arbres, aujourd'hui il renverse ses anciennes idoles, et avec une ardeur d'autant plus grande, d'abord qu'elles appartiennent à autrui, ensuite qu'elles sont de taille à lui fournir une perche de charrue ou même une menue filière. Il dit pour son excuse que *prendre* un arbre n'est pas voler : car un arbre, ça vient sans semer, donc c'est à tout le monde. Le Morvandeau se croit sans doute encore sous l'empire de la loi Gombette qui a régi ses ancê-

---

[1] M. DUPIN, — Le Morvand. Il y a de bien fines observations dans ce livre, malheureusement trop personnel, de notre illustre compatriote.

tres[1]. Le bois ainsi acquis, à quelque usage qu'on le destine, chauffage, fourches, sabots, chaussures de charrette, etc., se nomme *bois de lune*, ce qui est une métaphore plus pittoresque que juste, le délinquant ayant soin de choisir, pour accomplir son larcin, une nuit où la lune ne brille guère que par son absence.

Nous devons passer également condamnation sur la *disposition à plaider* de nos paysans, que Vauban signalait déjà de son temps : « Il n'y pas de pays dans le royaume où l'on ait plus d'inclination à plaider que dans celui-là. » Bien que Vauban nous semble faire injure à la Normandie, il faut reconnaître cependant que cet amour de la chicane existe, et qu'il a dû s'accroître encore en Morvand depuis la division de la propriété pour laquelle on y professe un culte véritable. Toute atteinte portée à cette

---

[1] Les Burgondes apportèrent dans les Gaules les habitudes germaniques, c'est-à-dire la communauté des forêts. Ce n'est que vers le commencement du xiiie siècle que les seigneurs s'en attribuèrent la propriété.

A preuve ce passage de la loi des Burgondes :

« Si quis Burgondio aut Romanus sylvam non habeat, incidendi ligna ad usus suos dejacentivis et sine fructu arboribus in cujuslibet sylvâ habeat liberam potestatem, neque ab illo, cujus sylva est, repellatur. – Lex Burg. édit. CANCIANI, titre XXXII, page 21. »

Tous les peuples primitifs ont d'ailleurs cet invincible éloignement pour la propriété particulière, fondement de l'ordre social.

partie de lui-même devient un crime irrémissible aux yeux du Morvandeau, et, comme Ugolin mangeait ses enfants pour leur conserver un père, il mangera volontiers son bien sous le prétexte de le défendre; c'est là que brille particulièrement une des qualités de son esprit, la finesse, ou pour mieux dire l'astuce, cette arme des natures incultes, à l'aide de laquelle notre paysan « met dedans, » non seulement son adversaire, mais encore....son propre avocat.

Voilà pour le moral. Quant au physique, nous l'avons déjà dit, la race est saine et robuste en Morvand. L'air piquant et âpre des forêts y fouette le sang, y colore le visage et lui donne une expression de vivacité et de bonne humeur, sans réussir toutefois à faire de la physionomie de nos montagnards un type remarquable. Un écrivain d'esprit jovial, M. Pierquin de Gembloux, affirme qu'on trouve fréquemment dans le Morvand, « dont les Huns d'Attila peuplèrent les premiers points habités, » le type Mongol; c'est-à-dire, d'après Tacite, la tête énorme, les yeux obliques et petits, la face déprimée, les pommettes saillantes, le nez épaté, quelque chose, en un mot, de parfaitement hideux [1].

---

[1] Cet auteur ajoute, fournissant une nouvelle étymologie à Château-Chinon, que les Huns ont fondé ce château *royal*, (de *cin*, en tartare, *kon*, *kona*, *koning*, en

Nous pourrions appeler de cette hétéroclite assertion non seulement à la France entière, mais à l'Europe elle-même, car enfin, s'il est vrai que les Huns aient fait souche en Morvand[1], il est peu probable que leur gracieuse empreinte n'ait frappé qu'un sexe et épargné l'autre. Or, la France et l'Europe connaissent aujourd'hui la Morvandelle, cette nourrice nomade qui, sous l'étiquette fallacieuse de *Bourguignonne*, trafique un peu partout de ses produits irréprochables, et peuvent lui rendre cette justice que M. Pierquin de Gembloux l'a étrangement calomniée.

Avant de pénétrer plus profondément dans les mœurs du Morvandeau et de le suivre dans les différentes phases de son existence, disons un mot de son langage, qu'un auteur du siècle dernier[2] prétendait être si *particulier* qu'on eût pris les Morvandeaux pour des gens *d'un autre conti-*

---

allemand, roi;) de même qu'ils ont laissé leur nom à certaines localités : Dun-sur-Grandry, Dun-les-Places. Étymologie, voilà de tes coups ! — Annuaire de la Nièvre, 1844, Les Huns dans le Morvand.

[1] On pourrait plutôt vérifier ce fait en Bazois qu'en Morvand. Un village, Chougny, y porte un nom qui ferait croire que les Huns, (*Huani, Chuni* en latin,) ont dû passer par là.

[2] Née de la Rochelle, — Mémoires sur le Nivernais, 1746.

nent.....des Iroquois ou des Câfres sans doute. Ce langage n'était alors, et n'est encore aujourd'hui, du moins dans ce qu'il en reste, que du français tout simplement, et du plus authentique, du français de Montaigne et de Rabelais, s'il vous plait; tant pis pour nous si nous ne le comprenons plus.

CHAPITRE III

CHAPITRE III

—o—

NAISSANCE ET MORT DU MORVANDEAU.

Il y a quelque vingt ans, à peine l'enfant morvandeau avait-il fait son entrée dans la vie, que la coutume, « cette violente maîtresse, » comme l'appelle Montaigne, s'emparait de lui. La matrone, Lucine ignorante qui préside encore aux accouchements de village, ou plutôt, qui se charge simplement du soin de *ramasser*[1], selon l'expression con-

---

[1] D'ordinaire, la « ramasseuse » est également ensevelisseuse : pauvre cumul, plus antithétique que lucratif.

sacrée, tout nouveau-né à sa chute dans ce bas monde, n'abandonnait la mère que pour faire sa proie de l'enfant et refondre à sa guise l'œuvre incorrecte de la nature. Son nez était camard, elle le tiraillait pour l'allonger; son crâne avait pris une forme oblongue que, dans son esthétique impitoyable, la matrone jugeait peu conforme aux saines traditions de la statuaire, elle le pétrissait pour l'arrondir ; le sauvage des bords de l'Orénoque l'applatit, pure question de goût! Et, chose plus étrange, souvent même, nous l'avons vu, elle faisait avaler à cette innocente victime du préjugé, malgré ses grimaces impuissantes et ses cris de protestation, une notable portion de pomme cuite. Était-ce un symbole ou simplement un laxatif? Nous l'ignorons. Ce double attentat consommé, on transformait le nouveau-né, sous prétexte d'emmaillottement, en une sorte de colis rigide et informe, puis on le livrait au supplice du berceau[1].

Le berceau morvandeau est encore de nos jours une espèce d'auge en bois, aussi étroite que peu profonde, et où l'enfant ne peut être maintenu en place, dans les mouvements d'escarpolette qu'on lui im-

---

[1] Le temps a fini par triompher de cette barbarie du passé ; inutile de dire que ce n'est point là ce que nous en regrettons.

prime, que par l'entrecroisement de bandelettes de tresse qui vont d'un bord à l'autre de ce cercueil anticipé. Ainsi momifié, cet infortuné n'est pas sans quelque ressemblance avec un contemporain de Sésostris prodigieusement racorni par le temps.

Quelle indestructible chose que la coutume! Ainsi, les nourrices morvandelles vont à Paris; elles y voient pratiquer et y pratiquent elles-mêmes l'élevage des enfants d'une façon aussi intelligente que rationnelle; eh bien! de retour dans leurs villages, leur premier soin est de reprendre impassiblement leurs traditions absurdes, et il faudra des années encore pour arracher de leur chemin cette ronce de la routine.

Cependant le Morvandeau aime ses enfants, voire même les enfants des autres. Les Petits-Paris, pupilles des hospices, ou exilés de quelque ménage nécessiteux[1], trouvent presque toujours chez nos paysans, quoiqu'on en ait dit, des soins affectueux, souvent touchants, et parfois même une adoption généreuse, au grand détriment du pauvre budget de la famille.

---

[1] Bon an, mal an, Paris envoie 300 de ses enfants-assistés dans l'arrondissement de Château-Chinon; le nombre de ces enfants y dépasse aujourd'hui 2.000, sans compter ceux provenant des bureaux de placement et du trafic interlope des *meneuses*.

Mais, hélas! la vie du paysan morvandeau est rude; dans sa lutte obstinée contre le sol, il a si besoin d'aide, qu'il ne prise guère l'enfant que d'après le secours qu'il en espére; c'est dire qu'un garçon est toujours le bienvenu, tandis qu'une *chetite* fille est rarement accueillie avec des transports d'allégresse. Un père, interrogé un jour sur « ce qu'avait fait » sa femme récemment accouchée, répondit : *Nout' fonne ? eh mardié ! al' n'ai ran fé du tout* ; on comprend sans peine de quel sexe était ce *rien*.

Malgré le bénéfice de l'air sain et vivifiant de nos montagnes, la mortalité des enfants, ce grave problême qui éveille aujourd'hui la sollicitude de la science, y est considérable [1]. Mais peut-il en être autrement au milieu de conditions hygiéniques vraiment déplorables ? Il faut voir, par exemple, avec quelle imprudente rapidité l'enfant y passe de l'alimentation qui lui est propre, à la nourriture grossière de la famille; pour lui, il n'y a qu'un pas de la bouillie à la soupe aux choux. Que de fois

---

[1] Un honorable confrère, M. le docteur Monot de Montsauche, a fait des causes de la mortalité des enfants dans nos campagnes l'objet d'études spéciales; mais nous devons souhaiter, pour l'honneur du pays, qu'il ait un peu chargé le sombre tableau qu'il en a tracé.

nous avons vu un nourrisson de quelques mois grignotter dans son berceau, en guise de hors-d'œuvre, une croûte de pain de seigle ou un morceau de *crapiau* de blé noir, dont il semblait faire ses délices. Et la nuit, quelle atmosphère pour ce petit être qui a besoin d'oxygène comme un oiseau! La maisonnée tout entière repose dans la même pièce, souvent entassée par groupes de trois ou quatre dans le même lit; ajoutez à cela les émanations de ces corps « hydrophobes » imprégnés de sueurs quotidiennes; n'était la cheminée, immense soupirail, qui laisse pénétrer quelques bouffées d'air dans cette sentine, on y périrait asphyxié.

Un autre point de l'hygiène sur lequel notre paysan n'a également que de vagues notions, c'est la température. Dur pour lui-même, il l'est pour tout ce qui l'entoure : il saura sans doute

Garder des froids mortels le bourgeon printannier;

mais l'enfant, ce bourgeon aussi frêle et aussi délicat, il l'exposera, sans songer à mal, au froid le plus rigoureux : vous le verrez, par exemple, transporter au cœur de l'hiver son enfant malade, du village à la ville, dans le but d'abord d'épargner une visite de médecin, ensuite par acquit de conscience, car il croit généralement peu à l'efficacité de la médecine en pareil cas; il a même sur ce point, comme sur beaucoup d'autres, son aphorisme commode : un nourrisson, c'est si petit, que les remèdes n'y peuvent rien ; grâce à ce procédé, il apporte son enfant avec un rhume et le remporte avec une fluxion de poitrine. Ignorance et préjugé, tels sont, selon nous, tels seront encore longtemps sans doute les deux principaux ennemis de la vie des enfants dans nos campagnes. Les combattre partout et sans relâche, voilà l'œuvre à accomplir; elle incombe à tous, aux prêtres, aux médecins, aux femmes éclairées, à tous ceux enfin qu'animent encore, aux heures sombres où nous sommes, l'amour de l'humanité et le sentiment du devoir.

Mais arrêtons-nous; aussi bien, le lecteur finirait par trouver que nous laissons un peu trop percer le bout de l'oreille médicale; et, après avoir montré comment le Morvandeau entre dans la vie, disons comment il en sort.

« Riches ou pauvres, heureux ou déshérités en ce monde, il est là-bas derrière l'église un coin de gazon où tous viennent dormir leur dernier sommeil. Le Morvandeau est *doux à la mort*. Longtemps il luttera contre la maladie; se sent-il *arrêté*, suivant l'expression consacrée, il attendra longtemps encore avant d'appeler le docteur « qui coûte gros et ne s'y connaît guère. » Ces lenteurs paralysent trop souvent le dévouement du médecin.

« Dans l'intervalle sont apparus le sorcier et les bonnes femmes avec leurs formules et leurs recettes infaillibles ; le malade a demandé du vin qu'on a eu garde de lui refuser.

« Cependant le mal s'aggrave ; M. le curé mandé à son tour est toujours le bienvenu : s'il juge à propos de *donner le bon Dieu*, un drap blanc est tendu autour de la couche du malade. Malgré les pratiques superstitieuses qui s'y mêlent hors des regards du prêtre, ces apprêts d'une mort chrétienne sont sublimes dans leur simplicité ; généralement le malade les accepte avec une résignation absolue.

« Mais voici venir le viatique précédé du flambeau bénit ; aux sons de la clochette argentine on s'agenouille dans les champs, de pieuses femmes se rangent derrière le pasteur qui porte au moribond le gage de l'éternelle vie.

« Le prêtre parti, on offre au patient *le repas de la mort*.

« A l'heure de l'agonie, le cierge de la Chandeleur est allumé ; on dit les dernières prières ; on *signe* le mourant (on trace sur lui le signe de la croix). Quand tout est consommé, on ferme les yeux du défunt avec la croix d'un chapelet; on clôt sa bouche, après lui en avoir demandé permission en l'appelant par son nom de baptême, le seul qui lui reste devant Dieu. A ce moment, tous les vases contenant de l'eau sont renversés, l'âme en sortant du corps s'est plongée dans l'un d'eux pour se laver des souillures terrestres. Les animaux de labour sont détélés, tout travail cesse; dernier hommage de respect rendu à celui qui va quitter la maison.

« La coutume de placer une pièce de monnaie dans la main du mort s'observe encore en beaucoup d'endroits; étendu dans son suaire, un vase d'eau bénite et le rameau de Pâques posés à côté du cierge, chacun vient lui faire l'aumône d'une suprême prière.

« Après que le corps a été mis au cercueil, celui-ci recouvert d'un drap blanc est déposé sur une charrette; deux bœufs, compagnons des travaux du défunt, ou prêtés par un voisin charitable, s'acheminent vers l'église. Elles connaissent leur devoir, les bonnes bêtes, pas n'est besoin de les exciter de la voix ou de l'aiguillon; parents et amis suivent en silence. Au loin la cloche gémit le glas funèbre; dès le matin, quelqu'un de la famille est allé *faire le chemin du mort*, en brûlant sur tout le parcours des poignées de paille qui ont écarté les mauvais esprits.

« Les prières de l'église achevées, tandis que la terre retombe avec ce retentissement lugubre que chacun sait, on dépose au bord de la fosse l'écuelle qui servit aux repas du défunt. Alors les sanglots éclatent, alors s'élèvent des voix qui disent les derniers adieux à la manière antique. Commencée dans les larmes, cette invocation s'éteint souvent dans les convulsions d'une crise déchirante : enfin on reconduit la famille jusqu'au seuil du logis.

« Spectacle touchant que ces funérailles, soit qu'elles s'accomplissent en hiver quand les arbres dépouillés associent leur deuil à celui de ces fronts inclinés, soit qu'au renouveau elles déroulent leur modeste pompe entre les haies fleuries, à l'heure où les petits oiseaux chantent leur cantique au maître de l'éternité [1]. »

---

[1] E. CHARLEUF, — Guide à St-Honoré, p. 2 et. Le regrettable M. Charleuf a déjà moissonné, largement et en maître, le champ des légendes morvandelles et des souvenirs du passé ; nous ne faisons guère qu'y glaner après lui.

CHAPITRE IV

CHAPITRE IV

—()—

MARIAGE. CHANSON DES NOCES.

En Morvand, comme partout ailleurs, un mariage a son prologue obligé : la galanterie. Seulement nous sommes forcé de convenir qu'elle y affecte certaines allures qui auraient fort effarouché sans doute les héros champêtres de Berquin et les bergères en paniers de l'*Astrée*. On voit bien encore parfois, quand Mai reverdit les bois et attendrit les cœurs, s'en aller de la ville, le long des sentiers embaumés d'aubépine, un couple d'amoureux se tenant par le petit doigt, selon l'ancienne coutume.

Mais en temps ordinaire la « flirtation » morvandelle n'est guère autre chose qu'une variété de pugilat. Nos robustes *Chloés* remplacent volontiers les tendres confidences par des bourrades, et nos rudes *Daphnis* substituent aux douces étreintes de vigoureuses torsions de poignet qui paraissent moins du ressort de l'amour que de celui de la gymnastique. Néanmoins le procédé réussit, et le moment arrive où la conquête entre dans la phase des négociations sérieuses. Ici commence le rôle du *père d'hommes*, vulgairement appelé *croque-avoine*[1], chargé d'aplanir les voies et de traiter à fond la question matrimoniale avec le père de la future. C'est d'ordinaire au cabaret, *inter pocula et dapes*, que l'affaire s'entame et se termine. Elle présente généralement peu de difficultés; les questions d'intérêt surtout sont vite résolues. Une fille, fût-elle riche, n'apporte guère en dot que ses hardes et son lit; quant au garçon, il a ses deux bras. Mais qu'importe? on vivra de compte à demi, comme *parsonnier*[2], dans la maison des parents, y payant son écot en travail; ou l'on s'établira dans son petit ménage qui prospé-

---

[1] Les Bretons ont leur *bazvalan*, poétique messager d'amour qui porte pour caducée une branche de genêt fleuri.

[2] Voir, dans le Morvand de M. Dupin, l'intéressante notice sur les communautés morvandelles.

rera, Dieu aidant, car on a « envie de bien faire. »

Dans certaines parties du Morvand, toute demande en mariage recevait jadis une réponse aussi simple qu'originale. Le jour de l'entrevue officielle avec les grands parents, le prétendant, au moment de se retirer, n'avait qu'à regarder dans le foyer de la chaumière, il y trouvait, sous une forme emblématique, la décision de son sort. Les tisons rapprochés et ravivés par la mère de famille lui disaient que sa « flamme » était agréée; éteints au contraire, et plantés à droite et à gauche de l'âtre, ils lui signifiaient son congé[1]. Il ne restait plus alors à l'éconduit que deux moyens au choix pour se consoler de sa défaite : planter une quenouille sur le chemin de l'heureux couple, le jour où l'hymen comblait les vœux de son rival, et faire, par la vertu de ce maléfice redoutable, qu'il ne lui naisse que des filles; ou bien, ce qui est d'une exécution moins facile, lui administrer une de ces mémorables bastonnades dont il se refuse rarement encore aujourd'hui la douce satisfaction.....quand il est le plus fort.

M. Guizot[2] fait au Morvand l'honneur d'avoir conservé l'usage celtique qui voulait qu'une jeune

---

[1] Cette coutume existe également en Bretagne.

[2] *Histoire de France racontée à mes petits enfants*, chap. 1ᵉʳ, p. 8.

fille à marier ne parût qu'à la fin des banquets, tenant à la main une coupe pleine, et que celui à qui elle la présentait devînt l'époux de son choix. Cette coutume n'existe plus aujourd'hui, que nous sachions, en aucun point du Morvand.

Cependant, les négociations ont abouti et le repas des accordailles a lieu. Tous les proches parents y sont conviés, et le *croque-avoine* y occupe dignement une place honorable, juste récompense de ses bons offices. Ce repas ne se distingue guère que par la quantité prodigieuse de vin sucré qu'y absorbe la partie féminine de la réunion, notamment la future, qui mesure volontiers l'ardeur dont elle est l'objet au degré d'édulcoration de sa boisson. Au dessert, on donne des noix et des noisettes; ce qui pourrait bien être une tradition plutôt qu'une économie [1].

---

[1] Les noix, dit Cambry (Voyage dans le Finistère) étaient chez les Romains l'emblème du mariage, en raison de la double enveloppe qui renferme son fruit, image de celle où l'enfant est emprisonné dans le sein de sa mère. Sans tenir grand compte de cette explication par trop physiologique, il est certain que les noix ont toujours eu, dans le mariage, un rôle symbolique quelconque. Ainsi, dans les Landes, un plat de noix présenté par la jeune fille au prétendant signifie que sa demande est rejetée. Dans certaines communes bretonnes, on donne des noisettes à manger à la mariée

Le lendemain enfin arrive le grand jour qu'inaugurait naguère la cérémonie que nous allons décrire.

Aux temps mythologiques, un chœur de Dieux, un peu ivres de nectar sans doute, entonnait dans le riant vallon de Tempé un épithalame en l'honneur des noces de Thétis et de Pélée. En des temps moins reculés, les vallons du Morvand entendaient retentir à la porte de toute nouvelle épousée cet épithalame rustique appelé: *la Chanson des noces*. Les Dieux sont partis depuis longtemps; les vieilles coutumes s'en vont tous les jours. Interrogez aujourd'hui le *flûteur* le mieux accrédité, il vous répondra dédaigneusement : C'était bon du temps des vieux ! Aussi, n'est-ce point sans peine que nous avons pu reconstituer, à l'aide de fragments épars dans les souvenirs, cette œuvre de quelque Catulle inconnu ; et encore, sommes-nous forcé, au risque de lui enlever sa plus grande saveur, de la traduire en français, craignant que la génération actuelle ne puisse, sans un glossaire comme pour la Chanson de Roland, en comprendre le texte original.

pendant la première nuit des noces. En Dalmatie, la nouvelle épouse, en arrivant à la maison de son mari, reçoit des mains de sa belle-mère ou d'une parente un crible rempli de noix ; elle le jette par-dessus sa tête et baise en entrant le seuil de la porte.

Certes, cette production de la Muse morvandelle pâlirait un peu devant l'Ode charmante d'Anacréon: *Dearum regina, Venus*, etc., et même devant les *discours* des improvisateurs bretons : mais, telle qu'elle est, c'est un vestige du passé, et, à ce titre, elle nous paraît mériter d'être conservée.

Voici comment se passait la scène au temps dont nous parlons.

Le matin du mariage, dès l'aurore, des cris perçants et des coups de pistolet, sorte de *fantasia* qui accompagne encore toute fête nuptiale[1], ont réveillé

---

[1] Encore une étrange ressemblance des mœurs morvandelles avec celles des Dalmates, (voir la note [1], p. 46). En Dalmatie, pendant la marche du cortège nuptial, les invités tirent continuellement des coups de pistolet, et poussent des hurlements épouvantables. Ce n'est pas d'ailleurs, soit dit en passant, le seul point de contact qu'aurait le Morvandeau avec les peuples d'origine *slave*. Ainsi, le Morvandeau, comme le laboureur Valaque, parle constamment à ses bœufs pendant les heures de travail; il les exhorte et leur adresse une foule de noms caressants. En Morvand, comme en Valachie, le hurlement des chiens, le cri plaintif du chat-huant, sont considérés comme des présages de mort. Pour suivre la filiation véritable des traditions, il faudrait remonter souvent au berceau des races; mais combien d'épaves de cette nature a dû nous laisser après lui ce flot de Barbares qui a inondé le Morvand,

en sursaut les échos des forêts; le flûteur souffle a pleins poumons dans sa *juarne* enrubannée, et, bras dessus, bras dessous, les jeunes gens de la noce, l'un portant la galette de fine fleur de froment, l'autre la poule symbolique[1], se dirigent vers la maison de la future. Arrivés sur le seuil, le musicien joue un prélude et l'un des invités, le plus souvent le musicien lui-même, frappe à la porte, puis on entonne sur un mode alternatif — *Amant alterna Camoenæ* — la chanson que voici :

Ouvrez-moi donc la porte,
Ma mie, si vous m'aimez!

Derrière la porte, une jeune fille répond:

ces Sarmates, ces Chamaves, ces Frisons, ces Francs, dont nous pourrions peut-être, sans trop de hardiesse, indiquer la trace dans les noms de *Sermages, Chamnay, les Frisés, les Francors, les Francillons,* etc.

[1] Les Celtes avaient une telle reconnaissance pour l'art de faire le pain, que, pendant plusieurs siècles, les druides conservèrent l'usage de porter un pain dans leurs principales cérémonies. Ils avaient également une sorte de culte pour le coq et la poule, considérés comme symboles de la puissance virile et de la fécondité.

Je n'ouvre pas ma porte
A l'heure de minuit;

puis elle ajoute, en manière de consolation :

Frappez à la fenêtre
La plus près de mon lit.

Quand je serai à la fenêtre,
Ma mie, me l'ouvrirez-vous?

demande le galant; puis, sachant fort bien que la fenêtre, quand elle existe, est close comme la porte, il risque, pour attendrir sa belle, une peinture touchante de l'état supposé de l'atmosphère, par la plus radieuse matinée de juin :

Nous sommes *dedans* la neige,
Dans l'eau jusqu'aux genoux,
Et la pluie est si grande
Qu'elle nous *triperce* tous.
Voilà la récompense,
Ma mie, que j'ai de vous!

Mais la jeune fille sans s'émouvoir réplique:

>   Montez *vers chez* mon père,
>   Il y a de beaux manteaux,
>   Il y en a de toute sorte,
>   Des petits et des gros.

Cette échappatoire est sans succès. le galant tient sa raison toute prête :

>   Les chiens de votre père
>   M'*avont* bien aboyé:
>   Ils disent dans leur langage,
>   Galant! tu perds ton temps,
>   Ton temps et ta jeunesse
>   Et aussi ton argent!

puis il ajoute, en amoureux peu courtois et dont le mécontentement même ne peut justifier l'indiscrétion :

>   Si j'ai perdu ma peine,

J'ai bien passé mon temps ;
Combien de fois, la belle,
Le soir, après souper,
Au beau clair de la lune,
Tous deux avons *jové*[1] !

Alors, la fille, justement indignée :

Si *j'ons jové* ensemble,
Pourquoi le dites-vous ?

Ce reproche est fondé ; aussi notre amoureux à bout d'arguments et pour réparer sa faute, se jette-t-il à corps perdu dans le madrigal :

Si j'étais hirondelle,
Si je pouvais voler,
Je prendrais mon *envolée*
De sur les bois d'orangers,

[1] Joué : trace de la confusion qui a existé si longtemps dans la langue française entre l'*u* et le *v*.

Dans le sein de ma belle
J'irais me reposer [1].

A quoi la jeune fille, qui n'a pas désarmé, répond plus logiquement que gracieusement :

Mon sein n'est pas un arbre [2]
Capable à vous porter ;
Au jardin de mon père
Il y a z'un [3] oranger.

Ainsi renvoyé de nouveau au père, notre galant,

---

[1] Ce charmant couplet est bien connu ; reste à savoir s'il est venu s'intercaler, en s'altérant un peu, dans notre vieil épithalame morvandeau, ou s'il en est sorti.

[2] *Abre*, en morvandeau ; avant Vaugelas on prononçait ainsi à la Cour.

[3] Le langage populaire a de singuliers caprices : mis en face d'un hiatus terrible, le Morvandeau n'hésite pas à user de ce *z* si commode, si séduisant, tant goûté de l'ancien Arlequin et de la jeunesse du Directoire. Eh bien ! que l'occasion de s'en servir tout naturellement se rencontre, notre patois le supprime et le remplace par un *r* qui n'a certes rien d'euphonique : il dira, par exemple, *das r'œufs, das r'enfants*, etc.

qui n'avait sans doute pour l'éviter que la raison donnée plus haut, commence à s'impatienter et maudit de rechef l'inclémence du ciel; ce que voyant, son interlocutrice s'humanise, et après quelques pourparlers où elle offre malicieusement au prétendant les plus vieilles et les plus laides filles du village, elle finit par entr'ouvrir la porte; le futur se précipite, et, malgré les efforts combinés des jeunes filles, pénètre dans la maison où s'est cachée la fiancée, un peu, il est vrai, à la façon de la Galathée antique qui *se cupit ante videri*; après quelques recherches pour la forme, il la trouve, la saisit et scelle d'un baiser sa prise de possession.

N'y avait-il pas dans cette idylle en action, abstraction faite de la poésie, quelque chose de gracieux, de vraiment pastoral, et nos paysans ont-ils beaucoup gagné à se marier aujourd'hui tout bêtement comme le « bourgeois » leur prosaïque modèle ?

Cette cérémonie accomplie et lesté d'un solide déjeuner offert par la future, on s'acheminait, musette en tête, vers la paroisse.

C'est au retour de l'église, que quelque vieille, gardienne des traditions, soumet encore à présent dans certaines localités la jeune femme à une épreuve décisive. Un balai est jeté traîtreusement en travers du seuil; si l'épousée, en entrant dans la maison, ramasse l'ustensile, le met soigneusement en place ou s'en sert adroitement, l'augure est favorable, elle sera bonne ménagère; si au contraire, distraite ou réellement négligente, elle franchit l'obstacle sans y prendre garde, elle est jugée sévèrement et aura fort à faire pour effacer cette première impression.

Entre temps, et à l'issue de la cérémonie religieuse, on est entré au cabaret où l'on a préludé, par une trempée de vin sucré, au repas plus substantiel qui attend la noce à la maison du jeune marié. Ce repas rappelle celui des noces de Gamache. Les deux familles y ont contribué par moitié et chacune s'est piquée d'honneur, le plus pauvre, ce jour-là, faisant des folies; aussi ne faut-il pas moins de plusieurs jours pour absorber les pyramides de tartes et de galettes de froment, les océans de ragoûts qui composent ce festoiement sans merci ni trêve, surtout pour les anciens qui resteront, devisant et pérorant, une journée entière les pieds sous la table.

Pendant la première nuit des noces, le Breton chante la soupe au lait symbolique dont on régale les mariés :

« Chantons la soupe blanche, amis, chantons encor
« Le lait et son bassin plus jaune que de l'or. »

Moins pastoral, le Morvandeau demande à son liquide de prédilection la consécration de sa couche nuptiale. Au commencement de la nuit, une *rôtie*[1], c'est-à-dire un vase rempli de vin sucré et épicé est apporté cérémonieusement au nouveau couple, qui accomplit bravement, sous un feu roulant de plaisanteries risquées, cette communion réconfortante.

Nous avons entendu raconter qu'autrefois, dans les noces, à la fin du festin, tous les convives buvaient dans le même verre; ils appelaient cela *mêler leur sang*. Cette coutume, qui se pratique encore, mais à la lettre, chez les peuplades à demi sauvages de l'Épire, de la Thessalie, du Monténégro, remontait peut-être à certaines traditions des croisades, à moins qu'elle ne se rattachât aux usages fraternels des agapes chrétiennes. Quoiqu'il en soit, elle a disparu de nos mœurs; la fraternité, bannie des cœurs.

---

[1] Le mot *rôtie* a signifié, jusqu'à la fin du XVIIe siècle, une soupe au vin, vulgairement *trempotte*.

ne se retrouve plus guère aujourd'hui, en Morvand comme en bien d'autres lieux, que barbouillée sur les murailles.

CHAPITRE V

CHAPITRE V

—o—

FÊTES ET APPORTS.

Comme le Celte, le Morvandeau est sobre et tempérant par nécessité, mais non par goût. Pendant la semaine il se contente philosophiquement de sa marmite de pommes de terre, de sa *poulite* [1] ou de sa crêpe de blé noir, le tout additionné de pain de seigle et arrosé de cette eau claire et fraîche dont les naïades morvandelles sont si prodigues [2]. Mais si,

---

[1] *Pouls, poulite*, du bas latin *puls*, bouillie d'avoine.
[2] Aujourd'hui, sous ce rapport, le Morvand est en progrès; il n'y a plus guère que les gens absolument pauvres qui n'aient pas de vin chez eux, et qui soient réduits au pain de seigle pur.

durant huit jours, il a su se priver presque du nécessaire, vienne l'occasion, et vous verrez comme il usera du superflu. Or, l'occasion vient pour lui chaque dimanche qui l'appelle à sa paroisse, ou chaque lundi, qui, sous prétexte de marché, l'amène à la ville. Tenez pour certain que, ces jours-là, il regagnera difficilement son village sans faire une halte prolongée en ces lieux où le Breton suspend pour enseigne le lierre dédié à Bacchus, et que le Morvandeau, moins classique, orne d'un bouquet de houx ou de genévrier[1]. Les jours de foire et d'apport [2] sont particulièrement chers aux buveurs, et l'on peut dire, sans être accusé de médisance, que le *rara avis* de Juvénal serait, le soir de ces jours, un Morvandeau qui n'aurait pas laissé peu ou prou de sa raison au cabaret. Si vous êtes curieux, ami lecteur, de ce genre d'étude de mœurs, si surtout le tapage ne vous effraie pas trop, entrons

---

[1] Notre patois appelle ce bouquet de houx un *bouchon*; ce mot, employé comme synonyme de cabaret, viendrait, d'après M. Chéruel (Dict. hist.) d'un « bouchon » proprement dit, qui servait autrefois d'enseigne aux cabarets. Ne viendrait-il pas plutôt du *bouchon* morvandeau ?

[2] Fête patronale : c'est le *pardon* breton, moins toutefois le côté religieux et pittoresque. Le mot *apport* avait autrefois le sens d'affluence : « Une chapelle de grand *apport* de pèlerins. »

ensemble dans l'une de ces gargotes que l'administration multiplie avec une si regrettable complaisance. Sur une longue table de chêne, ornée d'une guirlande de convives des deux sexes, fume un plat de viande rôtie, c'est le *fricot*, morceau de peu de résistance, que le prix croissant des denrées réduit chaque jour à de plus modestes proportions, et qui ne tiendra guère contre le terrible assaut de fourchettes qui va lui être livré.

Peut-être plus d'un consommateur, partagé qu'il était entre sa parcimonie naturelle et sa propension invincible vers la dive bouteille, n'a-t-il pas pénétré sans quelque remords dans ce lieu plein de séductions? Mais à peine « la première pointe des morceaux est-elle baffrée ; » à peine a-t-il humé quelques verres d'un rouge bord plus méridional que bourguignon, que notre homme se met à l'aise avec sa conscience; bientôt sa transformation est complète: son expansion devient bruyante et sa mimique s'exagère; les santés se multiplient; le choc des verres est incessant [1]; la table résonne sous le

---

[1] Vénance Fortunat dit des Francs, nos autres ancêtres: On n'entend, dans leurs festins, que leurs chants barbares, tandis qu'ils se portent des santés furieuses en entre-choquant leurs coupes de bois d'érable.

renfort de deux poings vigoureux qui accentuent les discours et font en même temps bondir les verres et tressaillir les plats; d'énergiques *tounarre*, de ronflants *loup-vérou*[1] se croisent dans un cliquetis de vociférations. Quelques rasades encore, et une voix de plus, hurlante et discordante, va se mêler à l'épouvantable chœur que d'autres buveurs « complets » ont entamé déjà, et que des tympans d'aubergistes et des vitres de cabaret peuvent seuls entendre sans se briser.

C'est pendant ces fêtes de village qu'avaient lieu jadis ces terribles rixes, vrais combats de Lapithes et de Centaures, où deux communes rivales, ivres de vin et de colère, se ruaient l'une sur l'autre; les crânes sonnaient sous le lourd bâton de *meslé*[2], ce *pen-baz* morvandeau, comme l'aire sous le fléau; le sang coulait à flots, et quand le gendarme, le *barré*[3], cette

---

[1] Tonnerre et loup-garou : c'est le fond des jurons morvandeaux. Nous ne savons quel auteur, gravement atteint de celtomanie, fait venir *tounarre* de *Taranis*, le Jupiter tonnant de la mythologie gauloise.

[2] *Néflier*; en vieux français *meslier, mesle*, du grec *mespilon*

[3] *Barré*, bigarré, bariolé, dans la langue de Rabelais. Les Carmes, aux habits de diverses couleurs, s'appelaient *Frères barrés*. Le Morvandeau donne également ce nom aux bœufs de deux couleurs, et, par une métaphore hardie, aux enfants de provenance douteuse.

vieille antipathie de nos paysans, voulait interposer son autorité, les deux partis, à l'exemple de Martine et de Sganarelle, s'unissaient dans une entente parfaite pour assommer ce brave gardien de la paix publique. Aujourd'hui ces sanglantes mêlées tendent à disparaître, mais en revanche les combats singuliers augmentent de fréquence; une difficulté commerciale sur le champ de foire, une rivalité amoureuse amène le drame qui, il faut le dire, se borne le plus ordinairement au prologue. Mettez en présence deux Morvandeaux irrités, mais à jeun, une heure durant, à l'instar des héros d'Homère, ils se prodigueront les plus mortelles injures; se mettront au défi vingt fois l'un l'autre; se tirailleront même un peu, et finiront par se séparer sans avoir échangé un horion. Mais que le vin entre en tiers dans ce duo aussi bruyant que pacifique, alors la scène change : le plus léger prétexte détermine un coup de bâton, et quand il a commencé à *roucher* le Morvandeau y va de bon cœur.

Ces fêtes patronales étaient naguère, pour la bourgeoisie du pays, des réunions gastronomiques, des fêtes *mangeoires*[1], comme on disait alors. Les « grosses maisons, » les principaux propriétaires du

[1] En patois : *meuzôles*; c'est la *mengiata* des Italiens.

lieu, se mettant en *frairie*, conviaient leurs amis de la ville et des alentours à de vrais festins pantagruéliques; on y invitait également, et elle n'avait garde de manquer à l'appel, cette vieille gaîté gauloise, aux lestes propos, au bon rire épanoui; et alors, quand au dessert la chanson joyeuse s'envolait des lèvres, elle mouillait son aile dans un vin moins vermeil peut-être que les visages, mais aussi franc que les cœurs. Depuis cette époque, la civilisation, passant par là, a frelaté tout à la fois le vin, la franchise et la gaîté.

Pour ne rien omettre sur ce point important, ajoutons que le paysan morvandeau, ce tard-venu dans la voie du comfort, connaît aujourd'hui, autrement que par tradition

...............cette heureuse liqueur
Qui d'un vin trop fumeux sait chasser la vapeur,

le café, en un mot, dont il use avec passion et qu'il porte à merveille. Tel ivrogne, qui dort comme un loir dans le creux protecteur d'un fossé, s'est ingurgité, au courant de la journée, sept ou huit tasses de la liqueur excitante, dont les effets ont été fort atténués, il est vrai, par les précautions du débitant.

Une chose plus étrange, c'est la facilité avec

laquelle nos paysans, le lendemain d'une journée consacrée tout entière au culte de Bacchus, reprendront leur travail quotidien et leur vie régulière; tandis que certains buveurs de la ville, qui, sans doute comme Pantagruel « dorment salé, » se défendront avec peine de retourner éteindre au cabaret la soif allumée par les libations de la veille. Pour les premiers, la débauche n'est qu'un incident, parfois même l'accessoire obligé d'un marché qui semblerait mal conclu s'il n'était convenablement « arrosé; » pour les autres, elle est trop souvent une habitude.

CHAPITRE VI

CHAPITRE VI

— () —

CHANTS ET DANSES. LE FLUTEUR.

Nous venons de parler des effroyables concerts bacchiques qui ébranlent, chaque jour de foire ou d'apport, les vitres des cabarets; mais là heureusement ne se borne pas le contingent musical du Morvandeau; il a ses chants à lui, paroles et musique. Les premières, nous l'avouons sans peine, ne brillent guère plus par l'atticisme que la seconde par l'invention. Nous confessons même volontiers que la voix de nos paysans ne nous semble pas d'une justesse irréprochable; cependant, quelques-unes de ces modulations frustes, bien que d'une excessive monotonie de rhythme et d'expression, ne manquent ni de charme ni d'originalité [1].

Écoutez, par un soir d'été, quand la charrette, criant sous le poids des gerbes, regagne lentement la ferme, ces mélopées traînantes qu'allonge indéfiniment une note tenue à pleine voix, ces *tiaulements* qui semblent régler la marche du nonchalant attelage, et qu'accompagne si bien le sourd mugissement des bœufs. Ce chant bizarre, empreint d'une mélancolie pénétrante, ne se marie-t-il pas admirablement avec l'aspect de notre rude nature? Ne dirait-on pas, à entendre ces airs, qu'ils ont été faits pour être chantés au milieu des bois, pour se mêler à leurs frémissements mystérieux, pour être répercutés par leurs sauvages échos [2]?

Les chants propres au patois morvandeau sont

---

[1] Un musicien-poète bien connu, M. Pierre Dupont, semble s'être inspiré de quelques-uns de nos vieux airs, particulièrement dans sa chanson « Les Bœufs. »

[2] Châteaubriant dit que le chant naturel de l'homme est triste, alors même qu'il exprime la joie : ce caractère est remarquable dans nos montagnes.

peu nombreux ; c'est même un fait étrange que la Muse rustique n'ait pas trouvé plus d'adeptes dans un pays où l'esprit et l'imagination ne font point défaut. Cela tient-il à l'euphonie contestée de notre patois ? Nous ne le croyons pas. D'ailleurs, il a fait ses preuves, n'étant qu'un rameau de ce *dialecte bourguignon* qui a obtenu une célébrité si méritée par les noëls de La Monnoye, productions charmantes, dont la traduction française ne donne qu'une idée bien imparfaite. Ce langage n'a certainement ni la limpidité, ni la souplesse de l'idiome méridional, riche instrument des néo-troubadours, des Mistral, des Roumanille, etc., de tous ces fils de l'harmonieuse Provence ; mais on ne peut lui refuser une douceur, une sonorité dans les désinences, et même une sorte de mollesse italienne toute particulière [1], dont la langue poétique s'accommoderait à merveille. En outre, ses expres-

---

[1] Notre patois mouille *l* dans : plante, fleur, plume, etc. qu'il prononce : *pliante, flieur, plieume*; il transforme le *j* en *z* : *zor, zaima, zambe*, pour : jour, jamais, jambe; le *ch* en *c* doux : *cemise, cemin, cevaux*, pour : chemise, chemin, chevaux. — Il est bon de rappeler que cet « italianisme », qui peut paraître singulier dans notre patois, a été de mode au XVIᵉ siècle à peu près dans toute la France ; seulement, une fois implanté en Morvand, il y est resté.

sions surannées, ses formes archaïques, nous paraîtraient devoir se prêter au mieux à la verve, tour-à-tour naïve et railleuse, des rimeurs rustiques. Quoiqu'il en soit, les écrivains lettrés sont rares, qui ont cultivé dans nos montagnes la Muse populaire [1]; quant aux rapsodes, aux chansonniers de village, à tous ces littérateurs incultes, mais souvent inspirés, qui ne confient qu'à la mémoire leurs improvisations fugitives, ils n'ont laissé chez nous que des traces à peu près insignifiantes ; et cela, du temps déjà lointain où la langue maternelle conservait encore sa pureté primitive. Car aujourd'hui, qui pourrait reconnaître dans cette chose informe, grotesque, sans nom, dans ce monstrueux produit de l'instruction primaire et des importations exotiques, ce patois que parlaient usuellement nos ancêtres, amoureux de la vivacité de l'expression et du pittoresque de l'image ; ce patois, bégayé par plus d'un d'entre nous à son entrée dans la vie, et qui éveille encore maint écho

---

[1] Nous ne connaissons que MM. François-Marie BUTEAU et Lazare DEVOUCOUX, auteurs de noëls agréables, et Jacques-Léonard BALANDREAU, qui s'exerça avec succès à traduire en patois les Fables de Lafontaine et même les Églogues de Virgile.

caressant au fond de nos souvenirs ; car enfin :

> La langue du pays, c'est la chaîne éternelle
> Par qui sans effort tout se tient ;
> Les choses de la vie on les apprend par elle,
> Par elle encore on s'en souvient [1].

Le bagage poétique du patois morvandeau est donc des plus légers ; il ne se compose guère que de noëls bien inférieurs à ceux du poète bourguignon, et de quelques chansons d'inspiration souvent assez grossière, et quelque fois par trop gauloise.

Voici une de ces chansons. Nous la reproduisons, bien que son origine populaire nous paraisse douteuse ; on y remarque, en effet, un souci de la prosodie et de la syntaxe, une régularité dans la rime, qui font ordinairement défaut aux vrais chants rustiques. La musique que nous y joignons a également plus de vivacité et de piquant que la plupart des airs morvandeaux ; elle s'adapte d'ailleurs fort agréablement aux paroles.

---

[1] A. BRIZEUX.—Épître aux Poètes provençaux.

A défaut d'autre mérite, cette chanson aura du moins celui de prouver que la coquetterie proverbiale des Morvandelles [1] ne date pas d'aujoud'hui. Elle a pour sujet les hésitations d'un pauvre diable d'amoureux, poussé au mariage par la crainte du prochain tirage de la milice, mais retenu vers le célibat par les allures inquiétantes de sa promise. C'est bien là toujours notre paysan, calculateur même en matière d'amour, un peu sceptique et défiant à l'endroit de la vertu féminine; et la philosophie épicurienne du siècle dernier, qui se retrouve dans le couplet final, n'a pas encore cessé d'être de nos

---

[1] Témoin ce couplet d'une vieille chanson :

> C'est les filles de Château-Chinon,
> Les petites Morvandelles,
> Qui ont vendu leur cotte et cotillon
> Pour avoir des dentelles.

Et cet autre refrain ironique :

> Gentilles Morvandelles,
> Troussez, belles!
> Votre cotillon,
> Il est si long
> Qu'il traine.

Çançon en Morvandiau.
Musique.

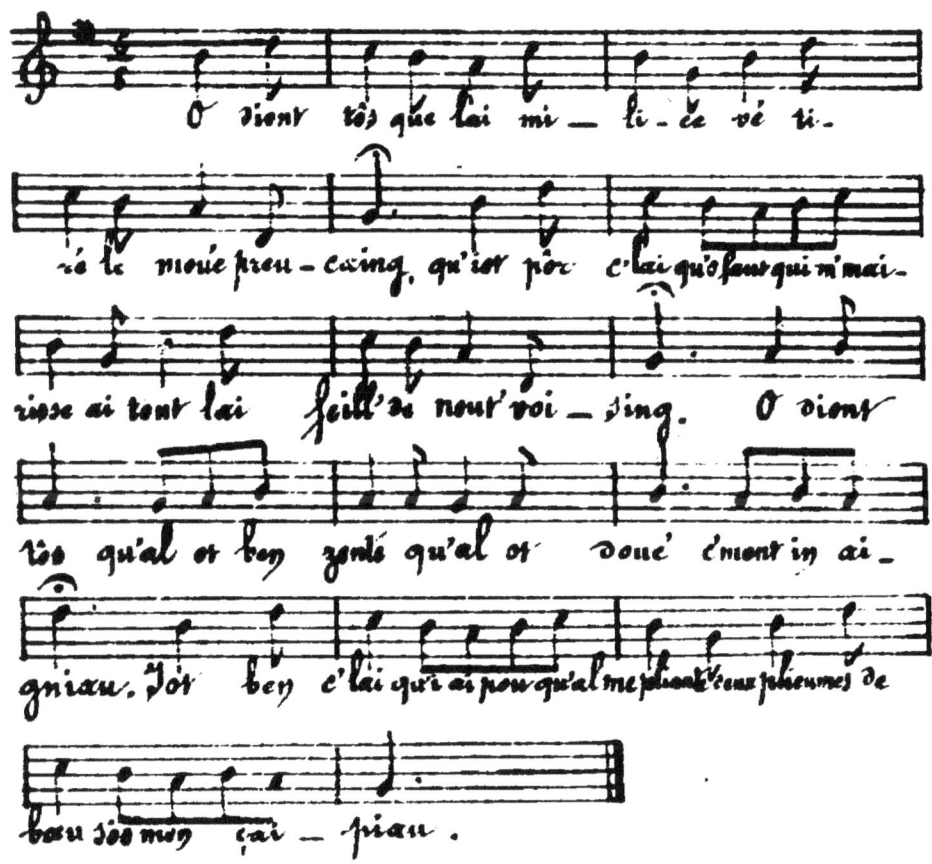

jours le suprême refuge des peines de cœur villageoises.

ÇANÇON EN MORVANDIAU [1].

O diont tós que lai milice
Vé tiré le moué preuçaing,
Qu'iot pór c'lai qu'o faut qui m' mairisse
Aitout lai feill' de nout' voising.

O diont tós qu'al ot ben zente,
Qu'al ot douc' c'ment in aigniau....
Iot ben c'lai qu'iai pou qu'al me pliante
Deux plieumes de bœu sós mon çaipiau !

---

[1] Le texte morvandeau, que nous nous bornons à traduire, pourrait donner lieu à de curieux rapprochements entre notre patois et la plus vieille langue française : nous avons ébauché cette étude dans notre — Histoire de Château-Chinon, — mais nous croyons devoir, dans l'intérêt du lecteur, le renvoyer à un travail beaucoup plus complet sur cette matière, le —Glossaire du patois morvandeau, — que doit publier très-incessamment M. Pelletier de Chambure. Nous sommes heureux de souhaiter ici par avance la bienvenue à cette œuvre de patiente érudition de l'un de nos plus honorables compatriotes.

De tós las gas de nout' velaize
Çaiquing l'y beille in présent :
L'in l'y beill' de lai dentéle,
L'aut' l'y beille eune croué d'arzent ;
Al dit ben que ran n'lai tente,
Pas moîme in torse-musiau....
Iot ben c'lai, etc.

Çartaing bórjois de lai ville
Haibillé en fignôleux,
Tórne ailentór de c'te feille
Coume en mainiér' d'aimóreux ;
O lai loisse, o lai tórmente,
O lai vir' c'ment in fusiau....
Iot ben c'lai, etc.

l'aim' ben mieux pourter coucarde
Au sarvic' de nout' bon Roué,
Que d'aivoir eune gueillarde
Dont çaiquing n'ai pas loisse-doué ;
Al fé trop sai défendante

Pôr guerder son p'tiot ouïau....
Iot ben c'lai, etc.

Beuvons don, moun aimi Gille,
Iot le mété le pus zenti,
Laichons l'aimôr et las feilles,
C'lai n'nó beill' que du sóci !
Moun âme ot ben más contente
Quan ie bois du ving nouviau....
Surquetôt quan ie m'en pliante
Eun' pinte vou deux sós mon çaipiau.

CHANSON MORVANDELLE.
TRADUCTION.

Ils disent tous que la milice [1]
Va tirer le mois prochain,

---

[1] Dans l'ancienne milice, on enrôlait d'abord les célibataires de seize à quarante ans, et, à leur défaut seulement, les hommes mariés.

Que c'est pour cela qu'il faut que je me marie
Avec la fille de notre voisin.
Ils disent tous qu'elle est gentille,
Qu'elle est douce comme un agneau....
C'est pour cela que j'ai peur qu'elle ne me
[plante
Deux plumes de bœuf sous mon chapeau.

Des garçons de notre village
Chacun lui fait un présent;
L'un lui donne de la dentelle,
L'autre lui donne une croix d'argent.
Elle dit bien que rien ne la tente,
Pas même un torche-museau...[1]
C'est bien cela, etc.

Certain bourgeois de la ville,
Habillé en mirliflore,

---

[1] Mouchoir. Le mouchoir, ou plutôt le foulard, remplace le diamant dans l'arsenal de la séduction morvandelle, il est comme lui une luxueuse inutilité.

Tourne autour de cette fille

En façon d'amoureux ;

Il la caresse, il la tourmente,

Il la fait tourner comme un fuseau....

C'est bien cela, etc.

J'aime bien mieux porter cocarde

Au service de notre bon Roi,

Que d'avoir une gaillarde

Dont chacun n'a pas de quoi se lécher les
[doigts ;

Elle fait trop sa minaudière

Pour garder [1] ....

C'est pour cela, etc.

Buvons donc, mon ami Gille,

C'est le métier le plus agréable.

---

[1] Image rabelaisienne qui peut se passer de traduction.

> Laissons l'amour et les filles,
> Cela ne nous donne que du souci ;
> Mon âme est bien plus contente
> Quand je bois du vin nouveau....
> Surtout quand je m'en plante
> Une pinte ou deux sous mon chapeau.

Le Morvandeau et surtout la Morvandelle aiment la danse avec passion ; l'aire d'une grange, au besoin le sol poudroyant, et seulement, les jours de noces ou de fêtes patronales, un parquet grossièrement ajusté, sont le théâtre ordinaire de leurs ébats chorégraphiques. Quant le *flûteur*, debout sur son tréteau, dont un tonneau renversé fait ordinairement les frais, et flanqué de sa compagne inséparable, une bouteille coiffée d'un verre, donnait le signal, nous avions grand plaisir autrefois à suivre du regard les monotones évolutions du *branle* national [1]. Ces lourdes bayadères aux yeux baissés,

---

[1] C'est le branle double qu'Antoine d'Arena, dans son

à l'air réservé et décent, se trémoussant avec une sorte de gravité et sans même déranger les plis rigides de leurs jupons bariolés, auraient pu sembler alors une tradition vivante de l'origine sacrée de la danse, qui, chez les peuples anciens, ne rappelait que des idées d'ordre et d'harmonie. Mais, autres temps, autres danses; et sur ce point le progrès est tellement sensible, que si l'avenir tient les promesses du présent, nos neveux en verront de belles. Quelques *Vestris* du cru ont naguère rapporté des villes, en même temps que cet abominable jargon qui vise au français académique, une espèce de *bamboula* qui aspire évidemment à . . . . autre chose. Stimulé par l'admiration naïve de sa danseuse, le cavalier *seul*, « retour de Paris », s'abandonne à une pyrrhique des plus exubérantes, et pousse des cris de Peau-Rouge qui va dévorer un prisonnier de guerre. Hier encore, le pudibond garde-champêtre, suivait ces évolutions insolites

poème macaronique sur la danse, a décrit en ces termes :

Ipse modis branlos debes dansare duobus,
Simplos et duplos usus habere solet;
Sed branlos duplos passus tibi quinque laborent,
Tres fac avantum, sed reculando duos.

d'un regard où l'indignation se mêlait à une stupéfaction profonde ; maintenant, rien ne l'étonne plus, pas même l'abjuration du flûteur, ce barde dégénéré, qui sacrifie sans vergogne aux autels de Musard. Quelques années encore, et cette danse du *scalp* aura détrôné à jamais le culte du *branle* et de la *bourrée carrée*, et des *Chicards* indigènes, aux airs de « l'Œil crevé », exécuteront le pas de la « Tulipe orageuse », dans un cercle de spectateurs idolâtres ! Mais qu'y faire ? C'est une révolution de plus, et il faut la subir, comme tant d'autres, tout en la déplorant !

Nous venons de nommer le *flûteur*. Arrêtons-nous un peu à cette figure originale. Aussi bien, le flûteur est un type encore, et il faut se hâter de l'esquisser, demain, du train dont vont les choses, il ne sera plus qu'un vulgaire ménétrier.

L'instrument du flûteur est la musette [1], un bel

---

[1] La musette morvandelle est l'ancienne « chevrette », dont on se servait principalement aux XIIe, XIIIe et XIVe siècles. Elle se compose de la peau de mouton, réservoir à air ; du bourdon, qui fait la basse ; du pied-de-chèvre, qui sert à moduler les sons, et de la chanterelle, qui donne l'accord. Une musette ordinaire vaut de 30 à 35 fr. ; mais il est des musettes hors ligne, et, comme les vrais *Stradivarius*, inestimables.

instrument, à notre humble avis ; le flûteur partage naturellement cette opinion. Il fait peu de cas du violon, méprise souverainement le piano, et n'accepte la vielle que comme accompagnement. Pour lui, la musique n'a réellement qu'un organe sérieux, c'est *sa* musette. Il faut entendre aussi avec quel enthousiasme il en parle ; il faut voir de quels soins tendres il l'entoure, et avec quel air de béatitude et de recueillement il se fait chanter à l'oreille une ritournelle réussie.

Tout bon flûteur doit savoir faire lui-même sa musette. Il la taille dans le bois de poirier le plus irréprochable ; l'incruste d'étain, comme un Arabe son fusil, et se complaît, les jours de noces, à faire flotter à son bourdon les rubans les plus multicolores. Il est vrai que ces rubans, il les revendra à beaux deniers comptants à ses coquettes clientes, ou les distribuera, coupés en menus morceaux et sous couleur de *jarretière*[1], mais toujours moyennant finance, aux invités des deux sexes.

---

[1] Dans les noces, au retour de la cérémonie religieuse, les filles d'honneur *marquent* les invités à la boutonnière ou au corsage de morceaux de rubans qui sont censés provenir de la jarretière de la mariée.

Le flûteur a une vocation ; dès le berceau, l'Euterpe champêtre le sacra musicien. Enfant, il charmait l'écho des pâturages sur des instruments inconnus du vulgaire et fruits de son esprit inventif. C'étaient tantôt l'écorce du verne que, d'une main ingénieuse, il roulait en hautbois ; tantôt la tige du blé, *tenuis avena*, ou la branche du coudrier qu'il façonnait en flageolet. Adulte, il put un jour essayer ses doigts inhabiles sur ce noble pied-de-chèvre, objet de tous ses rêves; et enfin, avec les années, prendre place dans l'harmonieuse phalange où les *Dodu* et les *Jean-Colas* [1] ont marché au premier rang. Aujourd'hui, c'est un « muzettiste-compositeur, » qui s'assimile avec une facilité singulière les airs consacrés par le succès, les brode de fioritures de

---

[1] Deux flûteurs légendaires : ces noms sont des sobriquets. Les surnoms sont aussi communs chez les Morvandeaux que chez les Romains. Si les *Lentulus*, les *Fabius*, les *Pisons*, et autres noms empruntés au règne végétal, y font défaut, on y trouve en revanche une foule de désignations encore plus étranges, et où s'exerce toujours plus ou moins la malignité humaine. Ces surnoms d'ailleurs ont leur utilité: les habitants de certains villages portant presque tous le même nom, ordinairement celui du hameau qu'ils habitent, le sobriquet qui les caractérise permet seul de les distinguer entre eux.

de son invention, transforme avec aplomb la *Lisette* de Béranger en marche nuptiale, et serait homme à faire une polka du *De profundis*.

Un bon flûteur fait des élèves, et, chose plus extraordinaire, des élèves reconnaissants. On conte à ce propos que le père Morvand, – un maître, – fut inhumé dans le cimetière d'une commune récemment créée. Or, ce cimetière, par mesure administrative, demeura durant de si longs jours avec son unique habitant, que les mânes du pauvre flûteur, de son vivant ami de la joie et de la compagnie, devaient s'ennuyer fort. Ce que voyant, un de ses élèves, brave cœur assurément, ne manquait jamais en revenant de noces, nuitamment, selon la coutume, et titubant, comme il convient à tout flûteur qui se respecte, d'escalader les murs de clôture du cimetière en friche, et là, sur la tombe abandonnée, dans le silence de la nuit, il jouait de son mieux un des airs préférés du défunt, et réjouissait ainsi l'ombre solitaire de son vieux maître.

Le flûteur pourtant n'est point parfait. Cette perle a une tache. Tout le monde connaît certaine légende que Gavarni met dans la bouche philosophique de son « Thomas Vireloque; » eh bien ! appliquez-la au flûteur et elle sera irréprochable : « Le mouton a la clavelée, la poule a la pépie, le flûteur a ....la soif; » et en effet, c'est sa maladie, elle est chronique et incurable. Aussi, comme les barons du moyen-âge, notre héros a-t-il son cri de guerre : *A boire au flûteur !* et il boit, avant la danse, pour se mettre en haleine, pendant, pour s'entretenir, après, pour se reconforter. En résumé, c'est une figure épique et qui mérite un dithyrambe. Offrons-le lui.

LE VIEUX FLUTEUR.

Robuste rejeton du chêne druidique,
Plus superbe qu'un roi de sa cour entouré,
Le vieux barde est debout sur son trépied rustique,
Possédé de son dieu, comme l'oracle antique,
  Et par son dieu transfiguré !

En place, les danseurs !... Dans l'ardeur qui l'enfièvre
Il redresse son front par l'âge appesanti;

Son doigt impatient court sur le pied-de-chèvre,
Et du rude instrument que caresse sa lèvre
    Le prélude est déjà sorti.

Le rubis bourguignon dont sa trogne étincelle
Se teint de feux plus vifs sous son puissant effort :
Il souffle....et l'ouragan que son thorax recèle
Emplit l'outre aux flancs noirs pressé sous son aisselle,
    Et le chant vibrant prend l'essor.

En avant, les danseurs !...Hurrah !..la belle fête !...
On crie, on se bouscule, on trépigne, on bondit....
Mais lui tranquillement dodeline la tête,
Et pareil à Borée, excitant la tempête,
    Sa joue en panse s'arrondit.

Il souffle ! et l'harmonie à flots bruyants s'écoule ;
L'ivresse croît, le sol tremble, impassible et grand
Il souffle et soufflera sous son tonneau, s'il croule !

C'est le roc de granit sourd au bruit de la houle,
  A sa fureur, indifférent !

Peut-être est-il bercé d'un doux rêve de gloire?
Peut-être songe-t-il, d'un noble orgueil gonflé,
A son nom qui vivra dans l'immortelle histoire?.,,,
Non....il a soif et songe au bon coup qu'il va boire
  Après avoir si bien soufflé.

CHAPITRE VII

CHAPITRE VII

HABITATIONS. BOURGS ET VILLAGES. COSTUMES.

Le voyageur, tant soit peu frotté de Cooper ou de Gustave Aymard, qui parcourait le Morvand il y a quelques années seulement, était en droit de se demander, à la vue des « wighams » qui composaient ses villages, s'il n'était pas tombé par aventure au milieu de quelques tribus indiennes égarées en pleine France; et un guerrier Comanche ou Apache, sortant de ces huttes, peint et armé en guerre, n'aurait pas dû le surprendre énormément.

Si le lecteur veut avoir une idée de ce qu'était alors un hameau morvandeau, qu'il se figure un ramassis de cabanes, basses à ce point que le toit effleurait le sol, couvertes d'un chaume plus rapiécé ou plus dépenaillé qu'un vieux pauvre, affaissées sur leurs murailles crevassées et ne se tenant debout, comme un groupe d'ivrognes, qu'en s'appuyant fraternellement les unes sur les autres. Qu'il jette parmi ces abris primitifs une ou deux habitations d'apparence un peu moins chétives, flanquées d'une sorte de « verandah » abritant une charrue et impliquant une grange, ou couvertes par exception de ces vénérables « aisseaux[1] » moussus, qu'empanachent capricieusement des brins d'avoine, et que le pain d'oiseau émaille en juillet de ses touffes dorées. Qu'il mette au dehors des cloaques fétides, des amas de paille de sarrazin et de fougères, engrais économique, dont le mode de préparation, aussi primordial que pestilentiel, est encore aujourd'hui de droit commun. Qu'il imagine enfin, bro-

---

[1] L'aisseau, *aisseaune* en morvandeau, est le bardeau, qui remonte, comme on sait, à la plus haute antiquité. Les maisons gauloises, celles de Rome primitive étaient couvertes de bardeaux de chêne, *scandulis robusteis*. —VITRUVE, liv. II, ch. 1ᵉʳ. —PLINE, liv. XVI, ch. 15.

chant sur le tout, une population d'une sauvagerie
extraordinaire; les femmes, curieuses comme leurs
aïeules les Gauloises[1], contemplant tout étranger,
même le moins excentrique, avec des yeux ébahis,
les chiens hurlant à son aspect et les marmots s'en-
fuyant à toutes jambes. Telle était, et il n'y a pas
bien longtemps, la physionomie à peu près générale des hameaux du Morvand.

L'intérieur de ces tristes masures ne contrastait
guère avec l'extérieur. Descendons dans l'une d'elles,
car on y descend tout comme dans ces maisons
gauloises que les fouilles de Limes et du Beuvray
ont exhumées, et faisons-en l'inventaire en quelques
lignes.

L'habitation se compose d'un rez-de-chaussée,
sans sous-sol, le plus souvent avec une pièce unique, percée d'une étroite fenêtre à chassis dormant,
mais quelquefois aussi sans autres ouvertures que
la porte et la cheminée, qui, grâce à ses dimensions,
peut prétendre à remplacer la fenêtre. L'aire est de
terre battue, offrant à l'œil et au pied tous les acci-
dents du paysage extérieur: rien n'y manque, ni

[1] César, liv. IV, ch. 5.

les collines, ni les vallées, pas même les flaques d'eau où barbottent les canards, au milieu des poules, des oies et des « habillés de soie[1]. » Tout ce monde picore et furette là comme chez soi, gloussant, pépiant et grognant à qui mieux mieux, et ne passe à l'état d'intrus que si quelque visiteur inattendu se présente : la ménagère chasse alors ces commensaux trop familiers à grands renforts de *houss! houss!* ce même cri tudesque que poussait Louis-le-Débonnaire en mourant pour chasser le diable[2].

---

[1] Le patois morvandeau se plaît aux métaphores ; il appellera, par exemple, un porc vivant, *un habillé de soie*, Mlle de Scudéry n'aurait pas trouvé mieux; tandis qu'un gros cochon mort n'est plus qu'un *lard* et qu'un petit devient un *salé*. L'élevage du porc, qui était, d'après Varron, l'objet d'un des principaux commerce des Gaulois avec Rome, est resté en grand honneur au Morvand. Le nom d'un de ses bourgs, Villapourçon, *villa porcorum*, rappelle une de ces *villas* royales où Charlemagne recommandait à ses intendants de nourrir force cochons pour la consommation de sa suite et l'augmentation de ses revenus. (Capit. *de villis*).

[2] En langue franque, comme en patois morvandeau, *huz* était une interjection qui signifiait : dehors!— AUGUSTIN THIERRY,— Lettres sur l'Hist. de France, page 26.

Dans les maisons aisées, quelque vieux lit à quenouille, aux rideaux de serge verte ou jaune, placé sur une estrade comme au moyen-âge, et d'une dimension telle qu'une famille entière y peut trouver place ; devant ce monument, et servant de marche-pied pour l'escalader, le coffre aux hardes, remplaçant l'armoire. Ce lit offre une particularité assez curieuse. Il se compose invariablement d'une paillasse et d'une *couète* (lit de plumes, le matelas est à peu près inconnu en Morvand); en été, le paysan couche sur cette couète, en hiver, il couche dessous. Économie et simplification. Est-il malade ? comme toute maladie a pour cause, d'après lui, la suppression de la transpiration, il s'administre, toujours à l'aide de sa couète, un bain de vapeur improvisé. Comme Encelade, il étouffe bien un peu sous cet Etna de plumes, mais il sue et il est satisfait, sinon guéri.

Chez les pauvres, le nombre des grabats supplée à leur dimension, mais en revanche ils se touchent tous, ce qui, au point de vue des mœurs, revient à peu près au même. Sous un de ces lits, une planche recouvre une cavité, d'un accès beaucoup trop facile pour qui connaît mal les aîtres du logis; ces oubliettes sont le réservoir aux pommes de terre, le principal garde-manger de la famille.

Au milieu de la pièce, et en permanence, une longue table garnie de bancs, et souvent creusée à l'une de ses extrémités de trous plus ou moins nombreux. Ces trous représentent autant d'écuelles rudimentaires où la maîtresse de céans trempe des soupes en rapport avec l'âge et l'appétit des convives.

Adossés à la muraille, un buffet avec dressoir où s'étalent quelques faïences fortement enluminées, et une *maie* pour la panification.

Dans un enfoncement la *bassie* (l'évier), avec un seau de bois muni de son bassin de cuivre, où petits et grands viennent se désaltérer tour-à-tour.

Sous le plafond, des tourtes de pain de seigle supportées par des traverses en bois, et, dans le voisinage, la cognée, le dard, le goyard[1], etc., les instruments du travail auprès de son produit.

---

[1] *Gouet, goyot,* en v. f., serpe à long manche. *Alias* en morvandeau *gouise,* où M. Charleuf voit le *gesum* des Gaulois. Il nous semble que le *gesum* ou *gessum* était un dard et non un instrument tranchant: *Teli genus quo utebantur Galli.* Mais où le mot nous est resté parfaitement conservé, c'est dans *gesson,* le dard de l'abeille, de la vipère.

Enfin, au coin de la vaste cheminée, une *selle* grossière en bois, à bras et à dos, sorte de chaise *à la Dagobert*, compliquée d'un coffre pour le sel; c'est le trône de l'aïeul. Tout à côté, un ou deux escabeaux formés d'un *zu* (joug) brisé et destinés aux petits enfants.

Dans les anciennes communautés morvandelles le foyer était au milieu de la pièce principale, avec ouverture au toit pour le passage de la fumée; ce qui ressemblait fort, comme on voit, au système usité jadis dans les maisons gauloises, et, de nos jours, dans les huttes groënlandaises. D'ailleurs, ces communautés n'étaient pas sans avoir elles-mêmes quelque chose d'essentiellement primitif. C'était, en petit, la famille patriarcale dont les traditions bibliques nous ont transmis le modèle[1]. Une famille de laboureurs, exploitant en commun un domaine ordinairement *franc*[2], c'est-à-dire ne payant au

---

[1] L'origine sémitique de ces communautés serait-elle inadmissible ?— Voir le curieux et savant ouvrage de M. F. de Rougemont — Les Sémites en Occident — sur lequel nous aurons occasion de revenir.

[2] Un grand nombre de terres étaient *franches* en Morvand. Ces terres bien que tenues par des serfs pouvaient être vendues à des personnes *franches*, et par

seigneur ni cens ni redevances; où chacun remplissait sa tâche sous l'autorité d'un chef élu par l'association : « Formant enfin, comme dit Guy Coquille avec sa grâce charmante, un seul corps par fraternité, amitié et liaison économique, où l'on faisait compte des enfants, pour l'espérance qu'on a qu'à l'avenir ils feront; de ceux qui sont en vigueur d'âge, pour ce qu'ils font; des vieux, pour le conseil et pour la souvenance de ce qu'ils ont bien fait. » Telles étaient ces communautés qui dataient de temps immémorial, et dont quelques-unes se sont conservées jusqu'à nos jours. Ces familles se composaient souvent de trente à quarante membres, et l'on conçoit qu'il fallait, pour chauffer un tel personnel et faire bouillir le *grand pot* de la communauté, un foyer *ad-hoc*.

Le genre d'habitations que nous venons de décrire, jadis typique dans le Morvand, n'y est pas rare encore aujourd'hui; cependant il faut reconnaître que, sur ce point, une heureuse transformation s'y

ce fait elles échappaient à la main-morte. Ce droit, disait la coutume, ne se trouve en aucune seigneurie du royaume. Indépendamment de ces terres, il y avait les tenures en *bordelage*, qui payaient leurs redevances en argent, grains et volailles.

est accomplie depuis quelques années. Les taudis y deviennent peu à peu des logis habitables et dont quelques-uns ne manquent pas d'une certaine élégance. Le chaume et le bardeau disparaissent devant l'ardoise aristocratique et la tuile romaine aux vives couleurs, tandis qu'à l'intérieur la propreté, la coquetterie même, pénètrent chaque jour avec un bien-être inconnu naguère, et à l'existence duquel, il faut bien le dire, l'industrie des nourrices n'est pas étrangère. Le paysage y gagne une note gaie et l'hygiène marque un bon point.

Malgré l'insalubrité d'un pareil milieu et son influence manifestement nuisible sur l'existence fragile des enfants, non-seulement le paysan morvandeau y vivait sans trop d'encombres, mais il trouvait le moyen d'y vivre longtemps. Les centenaires n'étaient pas rares autrefois dans nos montagnes; on en a cité plusieurs, et dans des communes qui, à coup sûr, se distinguent peu des autres par l'observation des règles hygiéniques[1]. Si la sobriété volontaire ou non, et bien qu'elle ne soit pas tout-à-fait d'accord avec les prescriptions de l'école de

---

[1] Dans les communes de Chaumard, de Planchez, de St-Péreuse et de Villapourçon.

Salerne, jouait un rôle incontestable dans la longévité de nos paysans, ils la devaient également à d'autres causes, et ces judicieuses observations d'un hygiéniste célèbre leur étaient alors tout particulièrement applicables : « Ils vivent à l'air libre, ménagers de leur virilité, endurcis aux fatigues, ignorant les fluctuations de la vie des ouvriers qu'un salaire instable fait passer tour-à-tour par les excès et par les privations; ils trouvent dans la régularité de leurs habitudes, dans l'inerte quiétude de leur croyance, dans le sentiment de la liberté, dans le bienfait d'un air pur, la compensation hygiénique des influences fâcheuses qui les atteignent passagèrement sous le toit de leurs sordides pénates [1]. » Reste à savoir maintenant ce que le progrès, qui a déjà profondément modifié quelques-unes de leurs vertus primitives, réserve à nos paysans de longévité dans l'avenir.

Tandis que la plupart des bourgs morvandeaux, qui peut-être sont venus s'abriter sous les murs de quelque antique *castrum*, de quelque maison-forte, ou se grouper autour de quelque oratoire en

---

[1] MICHEL LÉVY.— Traité d'hygiène, T. II., p. 564.

renom, sont situés sur les hauteurs, les villages, les hameaux au contraire sont le plus souvent cachés dans les vallées ou suspendus aux flancs des montagnes. Les uns y ont sans doute cherché un refuge dans l'obscurité contre ces déprédateurs sans nombre qui couraient jadis les grands chemins, et contre lesquels leur pauvreté ne suffisait pas toujours à les défendre; les autres y ont eu pour noyau ces maisons isolées dont le nombre est encore si considérable en Morvand, et qui y portent un nom particulier au pays, *l'huys*, auquel s'ajoute toujours le nom du propriétaire passé ou présent [1]. Quelle peut être l'origine de cette appellation? D'après Furetière [2], le mot « huis » viendrait de l'ancien saxon *huys*, maison, et n'est passé dans la langue française avec sa signification actuelle de « porte » que par synecdoche; on a dit « la porte » comme on dit « le foyer » pour la maison. Furetière ne nous apprend pas à quelle époque cette locution a pu prendre naissance; en tout cas, elle doit dater de

---

[1] On compte en Morvand plus de cent hameaux ou maisons isolées qui portent cette singulière dénomination.

[2] A. FURETIÈRE. — Dictionnaire de la langue française, *verbo* huis.

loin, car elle ne figure dans les plus anciens monuments de la langue qu'avec son sens usuel [1]. Quoiqu'il en soit, la signification de ce mot en morvandeau semblerait confirmer l'étymologie proposée par Furetière, en même temps qu'elle nous porterait à admettre que ce mot a été laissé en Morvand par les Germains. D'où il faudrait inférer que les peuplades germaniques, ainsi que nous l'avons indiqué plus haut, ont témoigné une prédilection toute particulière pour notre pays, qui paraît l'avoir emporté à leurs yeux sur des contrées beaucoup plus favorisées du ciel. Tacite nous fournit d'ailleurs l'explication de cette préférence, et elle n'a rien d'absolument flatteur pour notre amour-propre : « Les Germains, dit-il, préfèrent à l'habitation des villes la vie nomade des forêts; ils ne souffrent même pas que leurs maisons soient contiguës; ils s'établissent çà et là dans les champs, dans les bois, au bord des sources, selon que le lieu leur plaît, et chacun s'isole avec sa famille dans sa sauvage demeure [2]. »

[1] La bonne femme du mesnil
A ouvert l'huis de son courtil.
(Roman du Renard).

[2] TACITE. — Mœurs des Germains, ch. 16.

Il nous semble que le Morvand, dont le ciel âpre, dont la terre indomptée et couverte de forêts impénétrables leur rappelaient la Germanie, que le Morvand, où la population était tellement disséminée que très peu de paroisses y sont antérieures au XIIe siècle, devait alors, mieux que les contrées voisines, offrir à nos barbares conquérants ces conditions de solitude si chères à leur farouche indépendance. Quant aux rares *villas* Gallo-Romaines dont Guy Coquille a signalé l'existence et qui seules découpaient leurs maigres domaines dans la nappe immense des forêts morvandelles, les Germains s'en accommodaient à merveille : « Ils se faisaient livrer les *villas* pour s'y reposer; les meilleurs champs, le bétail et les bras des anciens esclaves et des colons romains pour vivre dans l'abondance et jouir sans sueurs [1]. » Pour les Germains d'alors le but de la victoire était la dépouille du vaincu, et, sous ce rapport, à ce qu'il semble, les Germains d'aujourd'hui n'ont pas dégénéré de leurs ancêtres [2].

Nous serions d'autant plus fondé à admettre cette

---

[1] ZELLER. — Histoire d'Allemagne.
[2] Si tant est cependant que les Prussiens soient des Germains : d'après M. Quatrefages, ils seraient principalement des Slaves mâtinés de Finnois.

interprétation qu'elle se trouve corroborée par un fait de l'histoire du pays. Le Morvand en effet, nous l'avons dit ailleurs [1], a eu ses luttes avec ses seigneurs: luttes ardentes, obstinées, et où le droit, comme il arrivait trop souvent alors, a dû s'incliner devant la force. Ces luttes, dont nous ne connaissons guère que les dernières phases, avaient pour cause la prétention qu'élevaient, au XVe siècle, Château-Chinon et la seigneurie qui en dépendait, d'être une *terre allodiale*. Les habitants, bien qu'ils n'eussent pas de charte d'affranchissement, refusaient de payer la taille, sous le prétexte qu'ils n'étaient pas serfs, et il ne fallut rien moins que la vigueur des arguments de Charles-le-Téméraire pour les convaincre du peu de fondement de leur prétention [2]. Ne pourrait-on pas voir dans cette affirmation si énergique et si vivace comme une tradition d'anciennes franchises, ayant pris naissance à l'époque de ces distributions de terres faites par les chefs barbares aux hommes de guerre, aux *arihmans* qui les accompagnaient, et qui, attirés par les *séductions* du Morvand, l'avaient choisi pour

---

[1] Hist. de Château-Chinon, p. 35 et suiv.

[2] Il brûla la ville de Château-Chinon, en 1466, pour « refus de tailles et outrages à ses receveurs. »

leur résidence? Ces terres (alleux), possédées en toute souveraineté, libres d'impôts, n'étaient primitivement soumises qu'à quelques redevances. Dans notre hypothèse, la grossière habitation (*l'huys*) du compagnon franc ou burgonde qui avait obtenu ce *bénéfice* aurait porté le nom de son propriétaire, à l'exemple des quelques villas gallo-romaines voisines [1] qui avaient échappé par miracle à l'avidité des envahisseurs [2]; et ce mot, une fois tombé dans le vocabulaire morvandeau, s'y serait conservé, comme tant d'autres, avec sa signification primitive.

Pas plus que les habitations, le costume morvandeau n'est demeuré réfractaire au progrès, si tant est toutefois qu'il y ait progrès sous ce rapport, et nous voilà déjà bien loin du temps où C. Tillier, que nous nous plaisons à citer parce qu'il aimait notre pays, écrivait ceci :

---

[1] Dans les noms de ces villas, devenues des villages ou des bourgs, Precy, Corancy, Marigny, Montigny, Alligny, etc., nous retrouvons ceux de leurs anciens possesseurs : Priscus, Ancius, Marinus, Montanus, Œlianus, etc.

[2] On sait d'ailleurs que les Burgondes, de mœurs plus douces que les autres Germains, se montrèrent moins exigeants après la conquête et procédèrent amiablement avec les Gallo-Romains au partage des terres.

« La mode qui s'insinue partout, qui ne dédaigne pas, toute grande dame qu'elle est, de se mirer au tesson de glace accroché à la muraille d'une chaumière, n'a pas encore pénétré dans le Morvand ; l'odeur de la soupe aux choux lui aura sans doute fait mal aux nerfs.

« Dans le Morvand, le costume est inamovible ; vous diriez que pour tous les paysans il y a un uniforme de rigueur, un uniforme pareil à celui qui existe dans les maisons de correction : toutes les femmes, jeunes ou vieilles, sont vêtues d'une étoffe de laine à larges raies ; elles ont toutes aux jambes des bas de laine blanche, toutes aux pieds des sabots étrangement tatoués, recouverts d'un carré de peau de mouton, et toutes sur la tête un large et épais bonnet d'indienne piquée, derrière lequel se carre un large chignon. Probablement les matrones gauloises avaient un bonnet d'indienne et un chignon. Si, avec cet accoutrement disgracieux, quelques-unes d'elles sont encore jolies, il ne faut pas leur en faire compliment ; c'est que véritablement elles ne peuvent être laides.

« Pour les hommes, ils ont encore dans leur costume moins de prétention que ces dames ; en toute saison ils vont pieds nus dans de gros sabots : vous diriez que la laine rayée est l'épiderme des naturels du pays; jamais les ciseaux des couturières morvandelles n'ont coupé d'autre étoffe. Les vestes et les pantalons sont invariablement rayés comme les jupes; je serais même tenté de croire, si je n'avais pas vu de moutons dans le Morvand, que leur toison est rayée. Tous les hommes, les enfants même, portent un chapeau rond dont les bords sont d'une largeur si démesurée, que trois amis, sous cette galette de feutre, peuvent aisément s'abriter d'une averse. Ces braves gens, vus du haut du clocher, quand ils s'arrêtent, au sortir de l'office, devant le porche de l'église, pour deviser de leurs affaires, vous feraient l'effet d'une couche de grands champignons noirs. »

Si le spirituel écrivain revenait en ce monde et dans nos montagnes, il pourrait constater *de visu* que la mode, toute grande dame qu'elle est, s'y est enfin aventurée, et que ses nerfs ont fini par s'habituer à l'odeur de la soupe aux choux. Il verrait, par exemple, que ces chapeaux cryptogamiques, que ces bicornes monumentaux, édition augmentée de ceux du Directoire, et que le chef de quelque octogénaire a encore la hardiesse d'arborer aujourd'hui, sont partout détrônés par le commode chapeau mou ou la vulgaire casquette; que le haut-de-chausses, la culotte à genoux d'*oueille*, comme on l'appelait, s'est allongée en pantalon, tandis que la vaste *domaire* en *tridaine*, sorte d'habit à la Louis XIV, aux pans carrés descendant jusqu'à mi-jambe, s'est raccourcie en veste à la hussarde; il verrait encore que, chez les femmes, le monacal *devanté*[1] à bavette a cédé la place au tablier de Marton; que le *capuchon*, sorte de saie gauloise avec cape en laine ou *thérèse* en indienne contre la pluie, s'est transformé en *talma*; et il pourrait même deviner, à l'ampleur de la jupe de popeline qui a succédé au jupon de *barrage*, que la crinoline, cette hypocrisie de la civilisation, sévit en Morvand tout comme à Paris[2]. Il reconnaîtrait avec douleur que nous ne comptons plus guère que deux vestiges du passé qui aient tenu bon jusqu'ici contre l'enva-

---

[1] En v. f., *devanteau*, *devantier*, tablier.

[2] Tous ces tissus étaient fabriqués au pays. Ils sont connus sous le nom de *boige* (bigio, bis), *poulangis* ou *tridaine* (tiretaine) et *barrage* (bariolé), selon que l'étoffe est de nuances unies ou mélangée de couleurs plus ou moins voyantes. Ce tissu se compose d'une trame de fil couverte de laine ou de coton, suivant la saison.

hissement de la mode : la *bliaude* [1] et le sabot. C'es
même merveille de voir, soit dit en passant, que
bout de chemin nos paysannes peuvent faire ave
cette sandale en bois, sans bricoles, et qui n'adhère
aux pieds que par un procédé de gymnastique particulier sans doute aux Morvandelles.

L'ancien costume dont nous venons de parle
n'était certainement pas d'un pittoresque excessif
mais il avait au moins un mérite à nos yeux, c'étai
de faire quelque peu obstacle à la marée montant
de l'uniformité de l'habit, qui nous envahit rapidement, et qui engloutira bientôt la veste brodée du
Breton, le béret du Basque, etc., dernières épave
du grand naufrage de la couleur locale en France.

[1] Blouse; c'est le *bliaut* du moyen-âge.

CHAPITRE VIII

CHAPITRE VIII

CROYANCES. SUPERSTITIONS. COUTUMES. LÉGENDES.

Le progrès est incontestablement une excellente chose, et M. About n'aurait pas consacré un gros in-octavo à démontrer cette vérité, que nous serions tout disposé à la reconnaître. Nous applaudirons donc toujours et de grand cœur à l'œuvre lente, surtout dans nos montagnes, mais persévérante de ce vigoureux lutteur, qui soumet la nature rebelle, et s'efforce de défricher les esprits en même temps que le sol; qui emporte ici un préjugé ou déracine une superstition, et là comble un précipice et peuple un désert. Mais si la poésie rude et colorée du passé ne s'en va qu'en bien-être et non en raison; si le matérialisme grossier et brutal succède aux enfantines mais poétiques croyances populaires; si les jongleries des esprits frappeurs remplacent la vieille légende au sens symbolique et profond; si le sorcier disparaît et que la somnambule arrive; si, en un mot, la simplicité fait place à la sottise, où sera le progrès? Nous le demandons!

Ces réflexions nous sont naturellement suggérées par le titre de ce chapitre, qui aurait pris facilement les dimensions d'un volume s'il eût été écrit au siècle dernier, mais qui, malgré le scepticisme railleur nous débordant de toutes parts, offrira encore des dimensions raisonnables, et un assez complet échantillon de toutes ces naïves crédulités qui furent si longtemps l'erreur de notre pauvre humanité, et aussi parfois sa consolation. Et d'abord, si, comme Voltaire, vous regrettez le bon temps où florissait le sorcier, venez en Morvand; vous pourrez y nouer les meilleures relations avec cet industriel, et vous convaincre que ce descendant des enchanteurs du moyen-âge, que ce Merlin en sabots, malgré la perspective de la police correctionnelle, qui est le bûcher de notre civilisation, y exploite encore fort convenablement l'éternel filon de la bêtise humaine.

Le sorcier morvandeau est une puissance d'autant plus redoutable qu'il ne lui manque aucune corde à son arc; il y a du bon et du mauvais génie dans ce terrible homme. Il vous *envaudoisera* [1], par exemple, tout aussi bien que l'eût fait l'un de ces 7,000 Vaudois qui auraient été massacrés en Berry, au XIIe siècle [2], ou, à l'occasion, il vous *reboutera*, d'un simple signe de croix fait avec l'orteil, soit une fracture, soit une entorse; il vous enlèvera la *maille* [3] en vous soufflant dans l'œil, vous remettra le *crochet de l'estomac*, et *charmera*, avec un égal succès, le feu de votre brûlure et celui de votre cheminée. Rien ne résiste à ses incantations; comme le magicien finnois de l'épopée du Kalévala, comme Marcellus Empiricus, son célèbre devancier,

---

[1] En morv., *envaudauyer*; en v. f., *envaudoiser*, ensorceler.

[2] J. Bastide. — Luttes religieuses des premiers siècles, p. 80.

[3] Ancien nom de la cataracte, ainsi appelée à cause de sa ressemblance avec la « maille, » monnaie qui avait cours au moyen-âge et qui était la plus petite de l'époque; d'où le proverbe : N'avoir ni sou ni maille.

comme le médecin gaulois [1], son ancêtre, il apostrophe, il objurgue le mal; il le poursuit d'une formule magique irrésistible, d'un *abracadabra* formidable, mais où, nous le croyons fermement, le plus habile linguiste serait fort embarrassé de découvrir un sens. Là encore ne se borne point ses mérites. Pour peu que vous ayez un ennemi et que vous teniez à le molester, le sorcier morvandeau se fera un véritable plaisir, moyennant un prix raisonnable, de lui dispenser libéralement des puces, serpents et

[1] Pline l'Ancien nous apprend que la médecine gauloise, celle des Druides, employait beaucoup de formules magiques écrites ou chantées; Marcellus Empiricus, médecin bordelais, qui vivait sous Théodose-le-Grand, a composé un recueil de recettes médicales, où se trouve un grand nombre d'amulettes et de charmes, c'est-à-dire de formules écrites ou destinées a être chantées: en voici une entre autres: contre le mal de dents il faut chanter: *argidam, margidam, surgidam*. MM. Grimm, Pictet et Zeusz ont expliqué ces formules à leur façon. M. Charleuf (ouv. cité) a recueilli une formule de sorcier morvandeau contre le mal de tête: *athéna! athéna!* qui est évidemment, comme il le fait observer, un ressouvenir de la migraine de Jupiter et de la naissance de Minerve. Nous ajouterons qu'une des panacées de notre sorcier est le *matago*, où il est facile de reconnaître la *mandragore*, plante de la famille des solanées, fameuse dans les fastes de la sorcellerie.

autres vermines d'un commerce désagréable; d'ôter le lait à ses vaches; de donner la clavelée à ses moutons; de sorte que, si votre ennemi a de la littérature et s'il croit à la *mauvue*, chose probable, vous aurez la satisfaction de l'entendre s'écrier mélancoliquement, comme le berger de Virgile :

Nescio quis teneros oculus mihi fascinat agnos!

Si même il arrivait que votre ennemi fût féru du mal d'amour, et qu'il espérât entendre prochainement sonner l'heure du berger, vous n'auriez qu'un mot à dire, notre sorcier lui *nouera l'aiguillette* [1] le mieux du monde; à moins toutefois, qu'époux bien avisé, il n'ait pris la précaution de manger, le jour même de son mariage, les pattes de la poule symbolique; au quel cas le maléfice demeurera absolument sans résultat. Nous pourrions en dire encore long sur ce sujet : il est inépuisable; mais il faut savoir se borner; nous ajouterons seulement, qu'imbu du respect des traditions, tout vrai sorcier a son gri-

---

[1] Métaphore transparente : on sait qu'on appelait *aiguillettes* les cordons qui attachaient le haut-de-chausses au pourpoint.

moire. Quel est-il ?.... Est-ce le Grand Albert, commenté par Corneille Agrippa et l'abbé Trithème ? Est-ce le Petit ? Mystère !.... Tout ce que nous savons, c'est que ce diantre de livre possède beaucoup plus son propriétaire qu'il n'est possédé par lui, et qu'il ne le lâche sous aucun prétexte. Impossible de s'en défaire. Le jette-t-on dans un four allumé ? il s'y gaudit comme une salamandre ; lui fait-on faire un plongeon dans la rivière ? il y nage comme un poisson, mais finalement se retrouve toujours dans la poche de son infortuné possesseur ; d'où il résulte que le sorcier, quoiqu'il en ait, non-seulement ne peut revenir à résipiscence, mais encore est incapable de s'en aller dans l'autre monde, à moins qu'un membre de la famille ne se dévoue et n'accepte, à ses risques et périls, cet embarrassant héritage.

Au sorcier se rattache intimement le meneur de loups : c'est une variété du genre, et qui ne pouvait manquer de prospérer à l'ombre des forêts morvandelles, où le fameux décor du *Freischütz* (la Gorge-aux-Loups) ne serait pas en peine de trouver son pendant. Tout flûteur est véhémentement soupçonné d'entretenir ce coupable commerce, et de faire servir, comme Orphée, sa virtuosité à assouplir les mœurs peu sociables de ces étranges compagnons. Du reste, c'est un rôle tout d'abnégation que joue le flûteur dans la circonstance, et la part de profit qu'il tire de cette association ne nous paraît pas clairement déterminée. Métamorphosé en loup lui-même, à l'aide de quelque secret diabolique qui le met en même temps à l'abri de l'atteinte des balles, il convoque son troupeau dans quelque sombre carrefour. Ses farouches protégés, assis en rond autour de lui et le fixant de leurs prunelles de braise, écoutent attentivement ses instructions, car il leur parle leur langage. Il leur indique les troupeaux de moutons mal gardés, ceux de ses ennemis de préférence, où la bande pourra faire une razzia fructueuse. Si une battue se prépare, il leur apprend par quels défilés de la forêt ils pourront le mieux s'échapper, et il pousse même la sollicitude jusqu'à effacer leurs traces sur la neige; de façon que, le lendemain, la meute du louvetier fait buisson creux, tandis que le garde-manger des rôdeurs s'est approvisionné de quelque brebis de choix.

Du sorcier au sabbat la transition est encore toute naturelle. Le sabbat morvandeau n'offre d'ailleurs aucune particularité remarquable : c'est le sabbat classique. Sorciers et sorcières, complétement nus, mais convenablement graissés d'un onguent de la composition du diable, mettent, à minuit sonnant, le pied sur la crémaillère, prononcent la formule cabalistique : *Par le diable, à la montée*, et s'envolent par le cornet de la cheminée; ils se rendent soit *au Coin des eaux*, soit *à la Croix de Monloing* ou à tout autre *Brocken* morvandeau; Satan, sous la forme d'un bouc à face humaine, qui est son déguisement de prédilection, y attend sa cour. Arrivés là, ils le baisent, en signe d'hommage, à l'endroit que chacun sait, crachent sur la croix, boivent, mangent, etc., et terminent la séance par l'exécution d'une ronde qui ferait pâlir le célèbre « Galop infernal » de feu Musard. « Cela se presse, comme dit Méphisto, cela se pousse, siffle et clapote, frémit et grouille, file et jacasse; cela reluit, flambe, écume et pue. » Malheur à l'imprudent qui tenterait de pénétrer ces mystères. Immédiatement saisi par les initiés, il paiera de la vie sa téméraire curiosité, à moins qu'il ne s'engage, sous les serments les plus formidables, à garder le terrible secret. En tout cas, ce qui peut lui arriver de moins fâcheux, c'est d'éprouver la désagréable surprise d'apercevoir le visage d'un ami ou d'un parent dont il ne soupçonnait guère la présence dans cette compromettante société. C'est ce qui advint à un jeune paysan morvandeau dont on conte l'histoire. Tombé par mésaventure en plein sabbat, il regardait, les pieds cloués au sol par l'épouvante, tournoyer dans la nuit la ronde infernale; quand soudain, un rayon de la lune perce l'obscurité, et, horreur !!!... il reconnaît, en costume de paradis terrestre et cabriolant avec conviction dans cette farandole échevelée..... son père et sa mère !!.

Si vous aimez les esprits et les revenants, si les romans d'Anne Radcliffe ont le don de vous émouvoir, allez prendre place, un soir d'hiver, sous le vaste manteau des cheminées morvandelles; vous y aurez l'embarras du choix entre l'apparition d'une *Dame blanche*, les prouesses d'un *Loup-garou*, cette sombre tradition de la mythologie scandinave, les espiègleries de *Pacolet*, esprit malicieux de la famille des Kobolds et des Gobelins [1], ou les abus de confiance d'un *Culard* [2], enfant mort sans baptême, qui,

---

[1] Le *Gobelin* n'est pas inconnu en Morvand, il y a près d'Arleuf *la Roche aux Gobins*; quant à *Pacolet*, il se borne à panser complaisamment les chevaux pendant la nuit, mais leur embrouille la crinière d'une façon inextricable.

[2] C'est le *Fadet* du Berry et de la Marche.

sous l'apparence d'un feu-follet, vous attire aux bords des étangs, pendant les *Avents de Noël*, et vous entraîne dans l'eau avec un ricanement diabolique. Vous y jouirez même d'une mise en scène supérieurement réussie, et qui ménage au narrateur un immanquable succès d'épouvante. On teille le chanvre, et un feu de chènevottes et de *balais*[1] brûle dans l'âtre avec des soubresauts de lumière éclatante et d'obscurité profonde. Au dehors, la bise fait rage : elle ébranle avec une plainte lugubre les ais des portes, ronfle dans l'immense cheminée, et entasse en *ravoûses* la neige qui couvre la terre. Aussi, faut-il voir les bambins, à moitié endormis, écarquiller des yeux terrifiés, et les jeunes filles se serrer les unes contre les autres, comme des brebis sous l'orage. C'est ainsi qu'un soir de chasse, à la flamme d'une bourrée, nous avons entendu raconter la légende suivante; seulement, cette mise en scène fantastique qui en rehaussait la saveur ayant disparu, nous avons tenté de la remplacer par la « poésie, » avec la conviction toutefois d'y avoir imparfaitement réussi :

---

[1] Genêt; en breton, *balaën, balan*.

LA LÉGENDE DU GARDE-CHASSE.

Chacun autour de l'âtre à sa guise prit place ;
Dehors les loups hurlaient en chœur avec le vent ;
Et tandis qu'un grand feu flamboie et nous délasse,
Voici ce que conta Simon, le garde-chasse
  Le plus vieux du Morvand :

— Les bons s'en vont, Messieurs ! autres temps, autres
            [hommes !
Un vieillard à médire est toujours mal venu,
Et pourtant m'est avis que tous, tant que nous sommes,
Nous ne vaudrons jamais l'ancien que j'ai connu.

Quel rude homme c'était que ce pauvre Grand-Pierre !
Je crois le voir encor, sec et droit comme un pieu,
Filer par les halliers, portant sa canardière,
La nuit comme le jour, sans rien craindre après Dieu.

Et quel matois ! C'est lui qu'il fallait voir à l'œuvre !
Il flairait un collet [1] mieux que Fox un lapin :
Et puis toujours du neuf, jamais même manœuvre,
Les plus fins braconniers y perdaient leur latin.

Si bien que ces vauriens disaient, las de la guerre,
Qu'ils sauraient quelque jour se tromper de gibier ;
Mais Pierre, vieux troupier, ne s'en effrayait guère,
Il allait de l'avant et les laissait crier.

Donc il y a trente ans, jour pour jour, à cette heure,
C'était par une nuit semblable à celle-ci,
Les jeunes d'à présent garderaient.....leur demeure,
Mais Pierre n'était pas de ceux qui font ainsi :

[1] Le Morvandeau, comme le Gaulois, aime la chasse avec passion ; mais pour un braconnier au fusil il y a vingt tendeurs de collets.

Il passait, le pied leste, au carrefour qu'on nomme
Le *Carrouge*[1], un endroit où nous chassons demain,
Quand un coup de feu part et frappe le brave homme,
Qui mourut sans prière au milieu du chemin.

Quel fut le meurtrier ?...Hélas ! la forêt sombre
A gardé le secret, et l'ingrate eut grand tort,
Car cette même nuit, tous les ans, la pauvre ombre
Fidèle à son devoir la vient garder encor.

Et comme à ces mots-là, tout en le laissant dire,
L'un de nous souriait, le vieillard sérieux :
—S'il vous plaisait,— vraiment, c'est commode de rire,—
D'en croire votre oreille à défaut de vos yeux ;

Écoutez !... Il ouvrit toute grande la porte ;
Et debout sur le seuil nous écoutions au loin....

[1] En v. f., *quarroy, carrage,* carrefour, croisée de chemins.

Quand une voix cria, si lugubre et si forte,
Que notre vieux limier en hurla dans son coin.

C'était un cri vibrant d'une angoisse profonde,
Un râle de mourant, un sanglot de damné,
Comme jamais vivant n'en poussa dans ce monde,
Et tel qu'en y songeant longtemps j'en frissonnai....

— Eh bien ! vous l'entendez, Messieurs, que vous en
[semble ?
Allez ! je puis dormir bien tranquille aujourd'hui ;
Son âme veille mieux que dix gardes ensemble,
Et pas un braconnier ne rôde cette nuit.

Ainsi qu'on vient de le voir, la scène sanglante de la légende se passe à une *croisée* de chemins, autrement dit à un carrefour. Les Romains y érigeaient des autels aux sombres Trévies (*tres viæ*), et le Christianisme eut beau y dresser sa croix consolatrice¹, un carrefour est toujours demeuré un lieu redoutable aux yeux du Morvandeau. Passez-y vite, en vous signant trois fois, voyageurs attardés dans la nuit, car *on y voit* et *on y entend* ! C'est là que revient l'âme en peine qui d'une voix gémissante implore vos prières. C'est là que se montre le *Peut*², le *Gros*, l'*Autre*, le diable enfin, qu'il faut bien se garder d'appeler par son nom, comme le Turc fait de la peste, si l'on ne veut le voir apparaître. Ce n'est pas pourtant que le diable morvandeau soit d'un aspect bien effroyable. Il ne ressemble en rien à Méphisto, ce parfait gentilhomme aux allures aristocratiques, « l'épée au côté, la plume au chapeau, l'escarcelle pleine, » ni même au diable un peu rustique de P. Dupont : portant la moustache grise, le chapeau rond, le manteau bleu. C'est pour les grandes circonstances ou pour ses clients de qualité que Satan réserve sans doute ces élégantes métamorphoses. Il traite le paysan morvandeau avec plus

---

¹ Au VIIe siècle on y allumait encore des lampes et on y faisait des vœux — Vie de Saint-Éloi, par Saint-Ouen, archevêque de Rouen.

² Le laid; en v. f. *put* avait cette signification; on disait de *putaire* par opposition à *debonnaire*, dont nous avons altéré le sens primitif.

de sans façon et lui apparaît tout simplement sous la forme d'une poule noire ou d'un chien de même couleur. Il semblerait cependant que cette familiarité n'a pas eu pour effet de rendre prospère son commerce d'âmes en Morvand, ce dont beaucoup de gens s'étonneront peut-être, mais ce que tendrait à démontrer néanmoins la légende que voici :

LE CHERCHEUR DE TRÉSORS [1].

Pauvre d'argent, mais riche de soucis, las d'ailleurs de travailler sans relâche et sans pouvoir faire toucher les deux bouts, un paysan va trouver maître X., lequel, comme chacun sait, est au mieux avec Belzébuth, et lui expose sa triste situation.

— C'est bien, dit X., trouve-toi à minuit sonnant à la *Croix-du-Bougnon* [2], trace un rond sur le chemin, crie trois fois, — et le sorcier murmura à l'oreille

---

[1] Bien que cette légende ait une singulière ressemblance avec le « Chercheur de trésors » de Goëthe, le fond n'en est pas moins morvandeau, et nous n'en avons légèrement modifié que la forme.
[2] Commune d'Arleuf.

du paysan la formule cabalistique, — le *Peut* viendra
et vous vous arrangerez ensemble.

Qui fut dit, fut fait : à minuit sonnant, par une nuit
sans étoiles, notre homme s'en va au lieu indiqué,
trace le rond, crie la formule et le diable paraît;
— l'histoire ne dit pas sous quelle forme.

— Ah ! c'est toi, un tel, bonjour ! — le diable est
poli, même pour le pauvre monde, — que me veux-tu ?

Le Morvandeau, pas trop *pouéru* [1], raconte son
cas; il dit qu'il a une femme malade, cinq enfants qui
crient la faim tout le long du jour, car, au bout de la
semaine, tout en travaillant comme un mercenaire, il
n'a pu amasser sa pauvre fournée;

— En d'autres termes, interrompit le diable, tu me
tires terriblement par la queue.

Le Morvandeau sourit tristement et finalement con-
clut en proposant son âme en échange d'un trésor.

— Bon ! je m'en doutais ; ce n'était guère la peine
de me déranger.

— Mais mon âme en vaut une autre.

[1] Poltron, en v. f. *Poüru.*

— Peuh ! je n'en donnerais pas un rouge-liard.

— Pourquoi cela ?

— Pourquoi ? Parce que tu es pauvre.

— Pauvreté, dit-on, n'est pas vice.

— Non, certes ; elle est bien pire.

— C'est vrai ! murmura le paysan.

— Donc, vois-tu, mon brave homme, c'est bien le diable, — et le *Peut* ricana ; ce jour là il était décidément de bonne humeur, — si, tôt ou tard, ton âme ne me revient pas tout naturellement et sans bourse délier ; je ferais là un vrai marché de dupe, et ce n'est pas dans mes habitudes. Mais, c'est égal ; tu m'intéresses et je veux faire gratis quelque chose pour toi. Tiens, prends cette bêche, — et une bêche sortit du sol, — creuse là, peut-être trouveras-tu ce que tu demandes ; — et Satan, toujours pressé, disparut comme il était venu.

Le paysan n'hésite pas ; il met bas sa veste, prend la bêche et creuse à l'endroit indiqué ; il creusa dur et longtemps, si bien que la nuit s'en alla et que le jour le surprit, suant, soufflant, n'en pouvant plus, mais creusant toujours sans rien trouver. Alors, voyant que l'aurore blanchissait, notre homme, tout machinalement, se mit à genoux au fond du trou et fit sa prière quotidienne ; aussitôt, dans l'air du matin, une voix lointaine, mais douce comme une musique, s'éleva :

— Pourquoi chercher un trésor, dit-elle, quand tu en as deux : le Courage et la Foi ? Que te faut-il de plus ?... Va donc ! travaille et prie, et Dieu te sera en aide !

Le paysan comprit ; reconforté par ces paroles et laissant là le trou et la bêche, il retourna chez lui, où Dieu lui fut en aide.

D'où il advint que maître Satanas fut déçu dans ses espérances, et qu'il a depuis lors renoncé à exploiter le Morvand..... du moins dans la personne de ses paysans.

Si des traditions de la démonologie nous passons à celles qui semblent remonter plus directement aux âges celtiques, nous en trouverons des traces presque aussi profondes en Morvand qu'en Bretagne. Leur persistance dans ces deux contrées, qui ont tant de points de ressemblance, peut s'expliquer d'ailleurs de la même manière. Aussi inaccessible dans ses montagnes que le Breton dans sa presqu'île; retranché comme lui dans ses mœurs, et, bien qu'à un moindre dégré, dans son langage, quoi d'étonnant que le Morvandeau comme le Breton soit demeuré fidèle à quelques-unes de ses antiques croyances? surtout quand on réfléchit que le druidisme, si vivace dans le pays éduen [1], dont il fut si difficile d'extirper en Gaule les idées et les rites religieux, y survécut longtemps à la conquête [2], et que le Morvand, comme la Bretagne, dut avoir le privilége d'abriter sous ses forêts ce culte vainement proscrit par les édits des Empereurs. La religion romaine avait d'ailleurs tant de similitude avec le culte druidique [3], qu'ils ont pu facilement se concilier, surtout dans les campagnes, et y vivre parallèlement jusqu'au jour où le Christianisme fut assez fort pour les renverser l'une et

---

[1] L'Archidruide résidait en hiver chez les Éduens et en été chez les Carnutes (Chartres).

[2] Dom Martin.—Religion des Gaulois, T. I, liv. I, ch. 32. Voir également Pline, Lucien et Am. Marcellin.— L'extermination des druides par Claude dans l'île de Mona (an de J.-C. 45) ne concerne évidemment que les druides britons et non ceux de la Gaule.

[3] Le polythéisme est toujours le même sous la prodigieuse variété de ses formes. Aussi, la politique romaine, en persécutant le druidisme, cherchait d'abord

l'autre. On conçoit en effet combien dut être inégale, à l'avénement de la religion nouvelle, sa lutte entreprise contre le paganisme. L'abstraction de ses dogmes, l'austérité de ses pratiques et de sa morale succédaient, dans un monde profondément corrompu, à de commodes fictions qui, à défaut des instincts de la raison, satisfaisaient pleinement les appétits et les sens ; elle se substituait à ce polythéisme grossier et immoral, mais poétique et séduisant, où les dieux étaient partout mêlés à l'existence de l'homme, où, comme le dit Musset en si beaux vers :

. . . . .le Ciel sur la terre

Marchait et respirait en un peuple de dieux ;

Où Vénus Astarté, fille de l'onde amère,

Secouait, vierge encor, les larmes de sa mère

Et fécondait le monde en tordant ses cheveux.

Aussi, l'apostolat chrétien, sans jamais cependant

à briser le lien fédératif constitué par une religion à laquelle les Gaules furent redevables de leur unité nationale et de leur longue indépendance ; elle s'efforçait en outre d'arracher des mains des druides le pouvoir d'insurger la patrie contre Rome, au nom de la conscience et des dieux.

fléchir sur le dogme, se garda bien de heurter de front les usages et les traditions qu'il s'efforçait de renverser. Il les accepta en les transformant [1]. Mais, de tous les actes religieux de l'antiquité, le dernier qui céda à la puissance du Christianisme fut le culte de la nature qui se pratiquait en dehors des temples, et qui permettait au plus humble laboureur de se créer, sous un sanctuaire de feuillage, quelque divinité familière et visible dans ses bienfaits. C'est en vain que le culte nouveau consacrait à la Vierge le chêne druidique [2], transformait en chapelle l'élégante nymphée de la source sacrée, et en redoutables démons les bons génies des bois et des eaux; dans les villes, les temples des faux dieux étaient écroulés depuis longtemps que les conciles édictaient encore des peines contre les adorateurs champêtres des sources et des arbres [3].

[1] Lettre de Grégoire-le-Grand aux missionnaires bretons (vi^e siècle) : « Il faut se garder de détruire les temples des idoles, il y faut construire des autels et placer des reliques, car tant que la nation verra subsister les anciens lieux de dévotion, elle sera plus disposée à s'y rendre par un penchant d'habitude pour adorer le vrai Dieu. »
[2] La *Chapelle du Chêne*, près de Château-Chinon.
[3] Le Concile de Tours (566).— E. RECLUS,—Histoire d'un ruisseau, *passim*.

Ce naturalisme enfantin, forme primitive de toutes les religions, compte encore aujourd'hui de nombreux sectateurs en Morvand. Certaines fontaines y jouissent d'une renommée indiscutable, et leurs vertus curatives y font une concurrence d'autant plus sérieuse aux eaux minérales, que le malade n'est pas tenu d'en boire, et au sorcier, qu'elles sont encore moins exigeantes que lui. Elles se contentent généralement des plus modestes honoraires, d'un œuf, d'un centime, voire d'une épingle; offrandes tentatrices, mais insidieuses, et qu'il est prudent de respecter, si l'on ne veut gagner le mal qu'elles ont pour but de conjurer.

Signalons quelques-unes de ces sources à la curiosité, intéressée peut-être, de nos lectrices.

« A deux pas de Saint-Honoré, au hameau de Tussy, promeneur matinal, vous verrez une jeune malade agenouillée au bord d'une fontaine : — Je t'apporte mon malheur, dit-elle, ô source, donne-moi ton bonheur ! — Puis elle se relève, jette en arrière son offrande et s'éloigne furtivement. Se voit-elle découverte, le charme est rompu.

« A Onlay, le 15 août, les jeunes mères viennent en foule baigner leur sein à la fontaine de la *Bonne-Dame*, pour obtenir un lait abondant. Elles montent ensuite à l'église, bâtie sur les ruines d'un ancien temple, et déposent une offrande aux pieds de la Sainte-Vierge, associant ainsi l'antique culte des Déesses-Maires à leur dévotion à la Mère de Dieu. Abondance de grâces ne saurait nuire [1]. »

A Faubouloin, site sauvage, en pleine forêt, admirablement choisi pour la célébration des mystères druidiques, où se trouvaient réunis tous les objets du culte de nos pères : une source, des rochers superbes et un hêtre sacré [2], les bonnes femmes portent à la fontaine *Notre-Dame*, mais sans parler, comme des matrones romaines au dieu Harpocrate ou à la déesse Muta, qui, un gâteau de miel pour rappeler ses *mouches* essaimées, qui, un *bourgeon* de laine pour guérir ses brebis malades. Singulier pèlerinage, et qui doit sembler à nos paysannes beaucoup moins un vœu qu'une pénitence.

---

[1] C. CHARLEUF,—Ouv. cité, p. 6.

[2] Il n'y a pas bien des années que ce hêtre millénaire, appelé le *fou de Verdun* (*fou, fau, fagus*, hêtre), est mort de vétusté. Il a été pieusement remplacé par un autre. Tout auprès s'élève un sommet (*Verdun*) où se remarque une enceinte fortifiée. Nous en parlerons au chapitre — Curiosités archéologiques.

Non loin de cette fontaine, un vieux frêne offre un étrange spécimen de la « dendrolâtrie » morvandelle. Dans sa rugueuse écorce sont fichées de nombreuses épingles, et ces bizarres *ex-voto* font assez ressembler l'arbre à quelque image *envoûtée* par un magicien du xv⁵ siècle.

Deux cérémonies, empruntées au culte druidique, se sont conservées à peu près dans toute la France : celle du *Guilanneu* et la *Danse des Brandons*. Dans certaines parties du Morvand, à Arleuf particulièrement, les enfants vont encore quêter dans les campagnes des œufs et autres comestibles en poussant ce vieux cri celtique : *Au guillannet* (au gui l'an neuf!) mais, tandis que cet usage se pratique d'ordinaire au premier janvier, il n'a lieu ici qu'à Carnaval. Le Morvand serait-il dans la vraie tradition? et l'année gauloise aurait-elle commencé à cette époque où l'année française a commencé si longtemps elle-même [1] ?

---

[1] Personne n'ignore que, jusqu'en 1582, l'année a commencé tantôt en mars, tantôt à Pâques ; on est peu d'accord sur l'époque où elle commençait en Gaule ; était-ce à la lune après le solstice d'hiver ou à la lune de *zerza* (décembre), correspondant au 1ᵉʳ janvier? Ce qui paraît certain, c'est que les Gaulois comp-

Le premier dimanche de carême, les feux de brandons s'allument dans le Morvand en l'honneur des jeunes mariés de l'année, et la ronde qu'on exécute autour est un adieu à la danse jusqu'à Pâques. Ces feux s'appellent chez nous *Feux de Bordes* [1], et l'on pourrait, si l'on voulait se livrer aux séductions de l'étymologie conjecturale, trouver dans ce nom une origine celtique. Les Bardes (*Boreadaï*) étaient les prêtres de Bel, l'Apollon gaulois, et, à ce titre, ils étaient chargés d'allumer les feux qui, à l'équinoxe du printemps, célébraient dans toute l'étendue de la Gaule le triomphe annuel du soleil radieux sur le sombre hiver.

D'après un auteur d'une profonde érudition et que nous avons eu déjà l'occasion de citer [2], les feux

taient par lune ou par nuit, et non par jour. Dans quelques endroits, on dit encore en patois *aneu*, cette nuit, pour aujourd'hui.

[1] Nous n'oublions pas que le mot *borde* signifiait autrefois une maisonnette, une petite ferme; d'où le droit de *bordelage,* si répandu en Nivernais. Le mot qui nous occupe vient donc plus probablement de l'analogie qu'avaient ces feux de *bourrées*, de *paille*, avec ceux dont on usait dans la *borde* du paysan.

[2] M. Frédéric de Rougemont,— L'Age de Bronze ou les Sémites en Occident.

de joie du printemps, qui se rencontrent chez une foule de peuples, auraient une origine phénicienne; les danses orgiastiques des prêtres de Baal, qui sautaient à travers le feu du sacrifice, étant un des caractères du culte des Sémites. Cet auteur fait observer que si certaines ressemblances qu'offrent dans leurs mœurs les nations les plus distantes peuvent s'expliquer par leur communauté d'origine [1], les peuples n'ont pu cependant se développer, chacun dans sa patrie, sans subir plus ou moins l'influence de leurs frères. Le commerce en effet sème sur les routes des caravanes et des marchands, et, sur les côtes des mers, des colonies qui transportent parfois à d'immenses distances le culte et l'industrie de leur métropole. Il est incontestable aujourd'hui que les peuples de race sémitique pure ou mélangée, Allophyles, Phérésiens, Philistins, Phéniciens, ont été les grands civilisateurs de l'Occident, et que le génie de la race gauloise s'est éveillé à leur contact [2]. Que de problèmes d'archéo-

---

[1] On sait de quelle façon certaine l'étude comparée des langues a établi la parenté des grandes nations Aryas ou Japhétiques qui ont peuplé l'Occident.

[2] Tous ces peuples, d'une civilisation matérielle avancée, auraient marché vers l'Occident à la recher-

logie, de linguistique, etc., de nouvelles recherches dirigées dans ce sens ne pourraient-elles pas élucider? Pour n'en citer qu'un exemple : le savant Président de la Société Nivernaise, Mgr Crosnier [1], parlant de divers objets curieux trouvés dans plusieurs localités du département, et se rattachant évidemment à une civilisation qui n'était point celle des Celtes, explique ces trouvailles par les habitudes de pillage des peuplades celtiques, « qui ne revenaient pas les mains vides de leurs lointaines excursions. » Nous fondant sur les études archéologiques modernes [2], et sur les traces incontestables de ces antiques migrations qui ont mêlé si intimement les peuples, il nous semblerait plus naturel

---

che des métaux, notamment de l'étain pour la fabrication de leur bronze. On admet généralement que les Phéniciens ont fondé près de nous Alise-Sainte-Reine, l'Athènes des Gaules. La ville de La Charité, avant sa destruction par les Sarrasins, au VIIIe siècle, portait le nom hébreux de *Seyr*, ce même nom que portait, d'après le Tasse, une montagne voisine de Jérusalem, habitée par des chrétiens. Voir — Jérusalem délivrée, chant 1er, p. 18. Édit. Gosselin.

[1] Coup d'œil général sur l'histoire de la Nivernie, p. 112.

[2] Celles de Raoul Rochette, Movers, Rœth, Knobel, etc.

d'admettre que ces médailles, ces statuettes, ces idoles, se rattachant aux religions de l'Orient et trouvées à Entrains [1] notamment, ont été apportées dans les Gaules par les Orientaux eux-mêmes, en même temps que certaines particularités de leurs mœurs, de leur industrie et de leur culte. A ce propos, et sans toutefois élever la prétention que les Sémites soient venus, pendant l'âge de bronze [2], établir leurs colonies civilisatrices jusque dans nos montagnes, nous ne pouvons nous empêcher de constater incidemment qu'un bourg morvandeau, Blismes (*Belisma, 1287*), porte un nom qui a une curieuse ressemblance avec celui de *Belisama*, la Minerve sémitique, adorée sur certains points des Gaules, à Nîmes, par exemple [3]. Nous ajouterons, qu'à l'instar des Phéniciens, qui promenaient la statue d'Isis (la Cybèle, la Cérès sémitique) à travers leurs cités, sur un char attelé de bœufs, les habitants d'Autun, au v ͤ siècle, prome-

---

[1] L'*Interanum* du marbre géographique d'Autun.

[2] Cet âge serait compris, pour les peuples des Gaules, entre le xvi ͤ siècle et le vii ͤ avant l'ère chrétienne.

[3] Un celt en bronze, sans oreillettes et sans anse, a été trouvé sur le territoire de cette commune et déposé au musée de Château-Chinon.

naient de la même façon, autour de leurs terres, la statue de Cybèle ; statue que renversa saint Simplice d'un signe de croix, ce qui convertit un grand nombre de païens [1]. Non moins étrange coïncidence : le premier dimanche de mai [2], vous verrez arriver à leur paroisse les paysans morvandeaux portant, comme des licteurs romains, un faisceau de baguettes de coudrier, surmonté d'une petite croix entourée de fleurs et principalement de buis, *consacré à Cybèle*. Ces baguettes, bénites par le prêtre, seront plantées dans chaque héritage pour préserver la récolte de toute influence nuisible, qu'elle vienne du ciel ou de la terre.

Que le lecteur nous pardonne cette excursion dans un passé beaucoup trop crépusculaire pour nos regards, et qu'il nous permette, profitant de la transition que nous offre le culte de Cybèle, de passer avec empressement aux traditions des Romains et des Grecs. Si nous avons hérité des premiers une foi robuste dans les augures [3], les

---

[1] M. L'Abbé Crosnier, — Ouv. cité, p. 133.

[2] Dimanche de Sainte-Croix ; en Morvand, dimanche des *croisettes* (*croïottes*)

[3] Le chant de la pie, le cri de la chouette, le hurlement du chien, etc., etc., sont en Morvand autant de présages funestes.

seconds ont l'air de nous avoir transmis une de nos plus poétiques coutumes [1].

Le premier mai, toute jeune fille, favorisée d'un galant, pouvait naguère constater à son réveil que le souhait d'Anacréon à sa maîtresse s'était réalisé pour elle :

> Sol cubilia tua illustet ;
>
> Cupressus crescat tuo in horto ! [2]

Aux rayons du gai soleil printanier, ce n'était pas un cyprès mélancolique qui lui était né, mais bien un hêtre verdoyant, et l'air du matin, en passant dans ses jeunes rameaux ornés de rubans et de fleurs, lui chantait tout à la fois l'hymne du renouveau et l'aubade de l'amour! Aujourd'hui, *proh pudor*! on ne plante de *mais* que sur les fumiers pour en chasser les couleuvres.

---

[1] Inutile de rappeler l'influence puissante des Hellènes de Marseille sur les Gaulois. Voir, dans la monographie de Mgr Crosnier sur la Nivernie, le détail des monnaies grecques trouvées à Entrains, et les planches de l'Album du Nivernais.

[2] ANACRÉON. — Fragments.

Ainsi disparaîtront un après l'autre tous ces débris des vieux âges, ces traditions, ces légendes, liens mystérieux de tant de peuples et de tant de générations. Ainsi s'enfuiront à leur tour ces bons génies de la source et de l'arbre, ces mythes gracieux et touchants, emblème de la faiblesse humaine, qui animaient la nature et peuplaient la solitude ; car le temps est proche où l'on pourra dire du Morvand comme de la Germanie, qui fut leur berceau :

> La verte et rêveuse Allemagne
>
> N'a plus d'abri dans la montagne
>
> Pour ses naïves déités ;
>
> Son peuple, ami des doux mensonges,
>
> A passé de l'âge des songes
>
> Dans l'âge des réalités ! [1]

---

[1] Nous en savons quelque chose. A cet amour « des doux mensonges » paraît avoir succédé chez le peuple allemand la passion moins platonique et plus *réelle* des pendules, pianos, tableaux de prix, et autres objets utiles ou agréables, sans compter les milliards et les provinces.

CHAPITRE IX

CHAPITRE IX

—o—

PAYSAGES MORVANDEAUX.

Dans les riches plaines, la nature, comme sûre d'elle-même, étale avec une sorte de complaisance bourgeoise ses trésors toujours un peu vulgaires. Elle a l'aplomb que donne l'opulence. Dans nos montagnes, timide comme la pauvreté, elle s'enveloppe de mystère; elle enfouit ses beautés dans les replis d'un sol tourmenté, dans les profondeurs de ses vallons et de ses forêts, et ne les révèle, pour ainsi dire, qu'à l'amant assez audacieux pour surprendre sa pudeur et soulever ses voiles.

Vues de loin, les montagnes du Morvand présentent une série d'ondulations boisées, d'un aspect sombre, uniforme, et bien fait pour inspirer quelque hésitation aux touristes en quête de merveilles. De près, tout change, et cette monotonie apparente se résout en une foule de détails charmants, de sites inattendus, où la sauvagerie a sa grâce, et la pauvreté, sa poésie.

Ici, pourtant, rien de grandiose, rien d'imposant; point de ces pics altiers menaçant le ciel; point de ces gouffres béants sous les pieds du voyageur; point de ces cascades écumantes, de ces torrents fougueux roulant entre deux abîmes le tonnerre de leurs flots; mais, ce qui n'est pas un mince agrément pour la grande majorité des touristes, une nature tranquille, apprivoisée, des sites accessibles, un pittoresque praticable enfin sans l'*alpenstock* et le brodequin à crampons, et où l'on ne court pas, à chaque instant, le danger fort prosaïque de se rompre les os.

Et d'ailleurs, n'est-ce point là cette nature dont on a pu dire : *Maxime miranda in minimis*! Elle a bien, elle aussi, ses lointains lumineux, ses larges perspectives, ses horizons profonds; mais ce qui fait son charme, c'est cette grâce tour-à-tour mélancolique et riante, cette coquetterie dans la détresse, ces sourires imprévus, ces mille riens ravissants qui arrêtent le promeneur et pourraient tenter la palette de l'artiste. Et puis, pour n'être pas les rocs superbes des Alpes ou des Pyrénées, leurs pics chauves aux entailles géantes, aux cimes crénelées comme des châteaux-forts, nos roches grises, avec leurs mousses de velours, avec leurs clochettes d'azur, frissonnant sous la brise, et écloses dans une fissure du granit, comme l'espérance en un cœur blessé, en sont-elles moins gracieuses à voir? Pour n'être pas les grands pins de la Suisse, où le vent murmure une plainte éternelle, nos bois, où chante le bouvreuil, où fleurit le muguet, en ont-ils moins d'ombre et de fraîcheur? Pour n'être pas le Gave qui mugit et roule dans sa course indomptée des troncs d'arbres fracassés, nos honnêtes ruisseaux, jouant au torrent les jours d'orage, mais, qu'en temps ordinaire, « un géant altéré boirait d'une haleine, » et qu'on franchit sur un tronc d'arbre, en ont-ils moins d'attraits pour la rêverie? en sont-ils moins charmants, soit qu'ils sautillent de rochers en rochers dans leur fougue innocente, soit qu'ils dorment nonchalamment sous le rideau des vernes? Un grand écrivain l'a dit : « A quoi bon toujours comparer? C'est un tort qu'on se fait, c'est une guerre puérile à sa propre jouissance; ce qui est beau d'une certaine façon, n'est ni plus ni moins beau que ce qui est beau d'une manière toute différente.[1] »

Un des traits les plus saisissants des sites morvandeaux, c'est leur variété, leurs brusques changements à vue, leurs piquants contrastes. Ici, un cirque étroit de montagnes, boisées de la tête aux pieds, entrecoupées de vallées ombreuses, vous entoure de tous côtés : c'est un océan de verdure avec des vagues de cinq cents mètres. Là, une vue immense, splendide, semée de villages, de pièces d'eau, de bouquets de bois, et où le regard se perd dans les brumes d'un horizon sans limites. Sur ce coteau s'étend une *chaume*[2] aride, pelée, percée de place en place par l'ossature de granit, et où quelques maigres brebis, troupeau du pauvre, tondent un plus maigre gazon. Là-bas, dans la vallée, s'enfuit à perte de vue une *coulée* de prés verts comme l'émeraude, avec son troupeau de vaches rousses et ses réseaux de ruisselets miroitant au soleil.

---

[1] GEORGES SAND. — Fragments d'une lettre.
[2] Terrain inculte.

Si les Aryas de l'Indus et du Gange, nos primitifs ancêtres, rendaient un culte aux eaux courantes et jaillissantes; si le Celte, leur descendant, plein de gratitude envers le moindre filet d'eau qui fécondait ses pâturages, le déifiait comme une force de la nature et lui bâtissait des autels [1], combien le Morvand devait être cher à nos aïeux! Où pouvaient-ils trouver une contrée où l'eau répandit plus de fraîcheur et de vie? des sources plus pures et qui les invitassent d'une voix plus murmurante à poser auprès d'elles la pierre du foyer? L'eau est partout en Morvand. Elle descend des montagnes en cascatelles sonores qui prennent en chantant la pente des vallées; elle chemine le long des routes en ruisseaux babillards, qui s'en vont côte-à-côte avec le promeneur dans leur lit de cresson bordé de véronique et de myosotis; elle s'étale en réservoirs innombrables; elle s'échappe du sol, au bord des sentiers, en fraîches fontaines, amies du voyageur, et, comme la Blandusie du poète, plus claires que le cristal, *splendidior vitro*. L'eau est la gaîté du Morvand [2], tout comme le printemps en est la fête.

---

[1] Personne n'ignore que l'Yonne notamment était adorée des Celtes sous le nom de *Déesse Icauna*.

[2] Tous ces cours d'eau abondent en écrevisses et en

Ce n'est pas cependant que la « jeunesse de l'année » s'y montre bien aventureuse; tout au contraire, hélas! Elle sait par expérience quels brusques retours l'hiver a parfois dans nos montagnes, et ne s'y hasarde qu'en tremblant. Mais, une fois installée, elle s'y montre sous ses plus coquets atours, avec tous ses parfums et toutes ses chansons. Elle y déploie gaîment sa robe verte, toute brodée de l'or des genêts et des navettes; emplit l'air des amères senteurs de l'aubépine; gazouille sous l'ombre des bois avec les sources et les fauvettes, et étend, d'une main charitable, son voile fleuri et embaumé sur la laideur de nos hameaux. Perdues dans la neige des cerisiers, nos tristes chaumières sont presque devenues présentables. A la plupart tient une pièce

truites excellentes; par malheur, le Morvandeau se les procure, non pour lui, qui n'en use guère, mais pour quelque cadeau intéressé, à l'aide d'un moyen de pêche beaucoup trop expéditif : il brûle la rivière avec la chaux vive et détruit tout. C'est le procédé du sauvage qui abat le cocotier pour avoir un coco. Puisque nous en sommes sur un point gastronomique, signalons aux gourmets un produit indigène : le navet tendre et parfumé, qu'on tire principalement des communes de Planchez et d'Alligny. Pline, qui vante le panais des Gaules, *pastinaca gallica*, ne connaissait pas sans doute le navet du Morvand.

de terre cultivée avec amour, jardin et champ tout à la fois : c'est l'*ouche* [1], l'oasis morvandelle où jaunira le froment, où bourdonnent les abeilles. Autour des villages, le sol, extrêmement divisé, présente à l'œil les figures géométriques les plus variées et les plus bizarres, le tout nuancé à l'infini et séparé par ces haies prodigieuses qui donneraient au brave dieu Therme, de confiante mémoire, une fâcheuse idée de la probité de notre civilisation et de son respect du bien d'autrui. Orgueil du propriétaire et désespoir du chasseur, les **bouchûres** morvandelles sont des forteresses, des remparts, où la ronce, l'épine noire, le houx, le néflier, l'églantier, etc., figurent les chevaux de frise; et où le liseron, le chèvrefeuille, le sureau, etc., s'enchevêtrent si follement, s'étreignent en lacis tellement embrouillés que les oiseaux eux-mêmes ont peine à s'en dépêtrer. De ce fouillis émergent çà et là le pommier sauvage, le griottier que le printemps poudre de frimas; tout à côté, le torse tourmenté et la tête crépue de quelque *corniau* de chêne apparaissent comme la silhouette d'un nain difforme. Sur certains points, de vieux troncs, énormes, aux racines

---

[1] *Olcha*, en bas latin : *campus tellure fecundus.*

étrangement contournées en dragons fantastiques, s'élèvent comme les témoins des forêts disparues. Ces haies formidables n'en sont pas moins charmantes. Le printemps et l'été durant, tout y fleurit, y embaume à son heure, et l'automne, y semant à pleines mains les grains de corail de sa corbeille, tient là table ouverte pour mille convives affamés.

Une autre particularité du Morvand, et qui a bien son charme pour le promeneur, c'est le chemin de traverse : vestiges d'une époque peu éloignée de nous, où étaient rares ces routes carrossables si fermes, si unies, si ombragées et si belles au printemps, avec leurs frais talus où se campent fièrement le clocheton pourpré de la digitale [1] et l'épi d'azur de la vipérine, ces chemins couvrent certains points d'un réseau inextricable. Il faut avoir vraiment le pied morvandeau pour ne point s'y *forvier* [2]. En revanche, la plupart snot ravissants. Celui-ci, qui va d'un village à l'autre,

---

[1] L'abondance extraordinaire de la digitale en Morvand, pays fertile en affections des voies respiratoires et circulatoires, semble confirmer cette grande loi harmonique de la nature, qui place toujours le remède à côté du mal.

[2] Plus près du latin *foris viâ* que fourvoyer.

coupe en ligne droite quelque grande *chaintre* [1] de genêts fleuris, saute un *échalier*, enjambe un ruisseau, traverse une *brosse* [2], et trace hardiment, avant d'arriver au but, son étroit sillage à travers la houle moirée d'un champ de seigle. Celui-là est un chemin de desserte abandonné; il déroule sous bois son ruban vert tout brodé de marguerites, et vous invite à le suivre; vous vous y engagez, et le traître vous mène à quelque place à charbon ou vous plante en pleine forêt. Cet autre est un chemin

---

[1] Du latin *cingere*, ceindre, entourer : champ clos de haies, destiné au pacage du bétail.

[2] Petit bois ; du bas latin *brucia*, *brocia*. En disant que ces mots viennent du latin, nous commettrions, d'après M. Granier de Cassagnac, tout à la fois une hérésie philologique et presque un crime de lèse-nationalité. On sait que la thèse de cet écrivain, thèse fort ingénieuse et soutenue avec une rare vigueur, a pour but de démontrer que ni la langue française, ni aucun de ses patois ou dialectes ne sont une dérivation du latin ; que ces idiomes sont au contraire ceux que les Gaulois parlèrent de tout temps, avant, pendant et après la domination romaine. Quoiqu'il en soit de cette théorie nouvelle, elle n'infirme en rien notre prétention, à savoir : que le patois morvandeau n'est rien autre que la langue française rudimentaire; maintenant, la langue française fut-elle souche ou rejeton? telle est la question que M. de Cassagnac s'est efforcé de trancher.

creux; la végétation luxuriante des haies qui le bordent l'a transformé en tonnelle; par dessus votre tête, les ombelles des sureaux tendent la main aux églantines et aux chèvrefeuilles, et vous y marchez entre deux fraîcheurs, celle de l'ombre et celle de l'eau, qui n'y manque jamais.

Si le Morvand est l'objet de faveurs toutes spéciales, mais trop frivoles, de la part du printemps, l'été, par contre, ne lui est guère prodigue de largesses. La blonde Cérès fait fleurir dans ses champs plus de bluets et de coquelicots qu'elle n'y dore d'épis, et jusqu'à présent la « terre de granit » a fait beaucoup mieux en poésie qu'en culture.

Quant à l'automne, nulle part peut-être elle n'a droit, aussi bien qu'en Morvand, à l'épithète de « mélancolique » si goûtée de la Muse sentimentale. Ne sont-ce pas les bois qui portent surtout la triste empreinte de la décrépitude de l'année? Hier encore, à peine quelques cimes jaunissantes faisaient tache sur le manteau vert des montagnes; aujourd'hui, la bise a soufflé :

Adieu la grand forest qui moult fort verdoict!

La livrée de deuil a tout envahi, tout, hormis le

feuillage du chêne, le dernier venu, qui aussi mourra le dernier. Le ciel est gris; la brume estompe les sommets et noie l'horizon; un pâle soleil effleure par instants les coteaux assombris, c'est le dernier sourire de la nature qui s'endort. La terre est triste; seuls, dans l'espace, à travers les bois défeuillés, les champs noirs des genêts et les *étoules* pourprées des sarrasins, verdissent gaîment quelques coins de terre : ce sont les blés, espoir de l'année !

Mais les vents d'automne n'ont pas encore dépouillé nos forêts de leur parure flétrie, que déjà l'hiver arrive et la neige tombe. Le Morvand revêt alors une beauté sévère et d'une mélancolie pénétrante. Vu des hauteurs, l'immense suaire, rayé des lignes noires et innombrables des haies, taché des plaques sombres des bois, s'étend à perte de vue. Les villages, disséminés dans l'étendue, n'y marquent leur place que par la mince spirale de fumée bleuâtre qui s'échappe de leurs toits. Paysage désolé, mais plein d'austère grandeur ! Du ciel obscurci, des cimes dénudées, s'épanche une tristesse morne, silencieuse, glaciale, qui vous enveloppe et vous oppresse. Mais qu'un rayon de soleil brille, tout se métamorphose. Sur les buissons, d'où part le merle en sifflant sa note moqueuse, le givre étincelle de feux diamantés; au fond du val, le ruisseau fuit comme une flèche d'argent entre ses rives resserrées par la gelée, et jette de furtifs éclairs dans l'air diaphane. Aux flancs des montagnes, les squelettes des arbres, dont la *moulée* a éclairci les rangs, dessinent leur fine guipure sur un fond d'une blancheur immaculée : on dirait le plus riche cachemire. C'est alors, par les matinées de décembre, que vous pourrez jouir du haut de nos montagnes [1] du curieux spectacle que les Pyrénées offrent fréquemment aux touristes, avec cette différence toutefois que la « mer de nuages » de la *Vallée de Luz* [2], se transforme chez nous en « mer de brouillards. » Tandis que le soleil, dans l'azur déteint du ciel d'hiver, illumine les hauteurs, en-bas, une masse de vapeurs condensées, blanches comme la neige, ensevelit la vallée immense qui se déroule à vos pieds. Tout a disparu, tout est noyé sous cette ouate onduleuse et si compacte qu'il semble qu'on pourrait s'y laisser choir le plus moelleusement du monde. De place en place, une pointe de clocher, pareille à un mât à demi submergé, pique à travers cette nappe de satin éblouissant, qui n'a d'au-

---

[1] Du haut de la montagne de Château-Chinon en particulier.

[2] H. Taine.—Voyage aux Pyrénées.

tres bornes que le ciel. Cependant, les rayons plus chauds du soleil ont dilaté cet océan de vapeurs qui s'ébranle lentement. Quelques flocons, avant-coureurs de la marée qui s'avance, rampent aux versants des montagnes, s'accrochent ou s'effrangent aux rameaux des arbres. Bientôt la masse tout entière se gonfle, se soulève, escalade les croupes, envahit le ciel et va enfin, sous sa brume grisâtre et glacée, éteindre le soleil si resplendissant tout à l'heure.

Mais à côté de ces quelques splendeurs, que d'ennuis! que de misères! C'est l'hiver inclément, farouche, inhospitalier! l'*atrox cœlum* de la vieille Gaule! Routes impossibles, fondrières de neige, ruisseaux congelés, bise âpre et sifflante, rien n'y manque.... pas même les loups, qui, s'ils n'y manifestent point les instincts homicides qu'on leur a prêtés trop gratuitement [1], n'en commettent pas

---

[1] Voir la note, p. 17. Veut-on savoir quel est le nombre de ces animaux qu'on pourrait croire à l'état de légion dans le Morvand? D'après l'assertion d'un officier de louveterie des plus compétents, il n'y aurait pas à l'ordinaire plus de quatre grands loups cantonnés dans l'arrondissement de Château-Chinon. Il en résulte, qu'à l'instar des figurants de théâtre, les loups signalés sur différents points opposés seraient toujours les mêmes.

moins de nombreux méfaits. Aussi, acceptant avec résignation, mais sur ce point unique, le jugement sévère des « artistes et des poètes » de Tillier[1], dirons-nous franchement à ces touristes que l'avenir nous réserve : Si le triple airain d'Horace, ou mieux, si une triple flanelle de santé ne barde votre poitrine; si la bronchite, la pleurésie, redoutables Oréades de nos montagnes, vous font peur, croyez-nous, allez au-devant du printemps sur les tièdes rivages où fleurit l'oranger, ou l'attendez tranquillement, au coin du feu, les pieds sur les chenets, mais ne prenez le chemin du Morvand qu'avec les premières hirondelles !

---

[1] Voir p. 13 et suivantes.

CHAPITRE X

CHAPITRE X

LE FLOTTAGE.

Amis, chantons le chêne, honneur des forêts vertes,
Malheur à qui détruit ce géant des grands bois !

Ainsi parle Brizeux, le barde breton ; mais sa malédiction impuissante n'a point arrêté l'œuvre de destruction, et la Bretagne, comme le Morvand, voit chaque jour tomber sous la hache sa verte parure et ses antiques ombrages. Eh ! qu'importe, après tout ! Y a-t-il encore, au temps où nous vivons, des rêveurs pour aimer les grands arbres ?

Y a-t-il encore des poètes pour les chanter ? Y a-t-il même encore des amoureux de vingt ans pour graver sur leur dure écorce leurs serments éternels ? Nous en doutons ; mais un fait certain, c'est qu'il y a des calculateurs, et que le « géant des grands bois » meurt aujourd'hui à la fleur de l'âge, et que « l'honneur des forêts vertes » se débite à tant le kilogramme chez le marchand de bois du coin !

Ce prosaïsme regrettable mais lucratif s'est d'ailleurs rencontré fort à propos pour le Morvand, car il lui doit son unique industrie, celle du flottage ; non le flottage en radeaux ou en trains, dont les badauds parisiens peuvent se donner le spectacle du haut des berges de la Seine, mais ce flottage primitif, *à bûches perdues*[1], tel qu'il ne se pratique plus guère que dans les forêts vierges du Honduras et du Yucatan, et dans la sauvage vallée de la Murg, pour les sapins de la Forêt-Noire.

Resterait à savoir pourquoi le Morvand en est réduit à cette unique industrie ? Pourquoi ses

---

[1] Le flottage à bois perdu fut importé dans le Haut-Morvand par Jean Sallonnyer, receveur en l'élection de Château-Chinon, vers la fin du XVIe siècle.

eaux alertes, d'une activité sans pareille, et qui ne demanderaient qu'à travailler, n'ont point trouvé jusqu'ici d'autre emploi que de faire tourner quelque vieux moulin, radotant solitairement au fond d'une vallée invisible, ou de charrier des bûches, une ou deux fois par an? C'est un problème. Quoiqu'il en soit, le flottage a un côté pittoresque, et c'est sous cet aspect, qui rentre dans notre cadre, que nous voulons le décrire.

L'opération préliminaire du flottage est la *moulée* ou abattage des bois, dont l'hiver est la saison. On dirait que l'homme, ce grand destructeur, n'osant s'attaquer à l'arbre vivant, à cet être mystérieux qui a ses chansons, ses plaintes et ses murmures, attend que l'hiver en ait fait presque un cadavre pour l'immoler. Quand la sève est endormie et que les premières bises arrachent aux rameaux leur frondaison décolorée, la forêt est livrée aux mouleurs. La cognée tombe alors à coups retentissants sur le chêne, le hêtre, le charme, victimes que leur âge désigne à l'hécatombe, et qui peuvent murmurer au passant, comme le gladiateur antique : *Morituri te salutant,* nous te saluons, nous qui allons mourir ! Le majestueux silence des bois s'est rempli soudain de sourdes clameurs, de déchirements sinistres, de gémissements lugubres; on dirait que les Dryades, les Sylvains, tous ces esprits invisibles qui les habitent, engourdis par les premiers froids, s'éveillent de leur torpeur et s'enfuient avec des cris de détresse; si bien, que l'on serait tenté d'adresser à l'homme à la « dure cognée » l'objurgation du vieux Ronsard :

Écoute, bûcheron, arrête un peu le bras!

Ce ne sont pas des bois que tu jettes à bas;

Ne vois-tu pas le sang, lequel dégoute à force,

Des Nymphes qui vivoient dessous la dure écorce ?

Cependant l'œuvre si justement nommée *furetage* s'est acccomplie, et la dépouille de nos montagnes, sciée en bûches d'égale longueur, est allée s'empiler sur les *ports*, aux bords de la rivière et des ruisseaux; là, rangés comme des fantassins sous les armes en longues files régulières et serrées, entre lesquelles se glissera le *marteleur* [1], les bois atten-

---

[1] L'opération du martelage consiste dans l'application, aux extrémités de chaque bûche, de la *marque* de l'acquéreur, pour permettre de reconnaître les bois à leur arrivée à Clamecy où ils sont mis en trains. Un habile marteleur, payé à raison de dix centimes par corde (demi-décastère), peut gagner trois ou quatre francs par jour.

dront l'heure du *flot* ; c'est-à-dire le jour où grossie par les pluies d'automne [1] et l'eau accumulée dans les réservoirs, la rivière, « ce chemin qui marche, » emportera dans sa course le tribut de nos forêts aux chantiers de la capitale. Ce jour arrivé, les vallées, hier silencieuses, sont partout en rumeur ; les échos se renvoient mille bruits confus où se mêlent le fracas de l'Yonne roulant à pleins bords ses eaux troublées, les jurons des charretiers, les cris des femmes et des enfants qui aident à l'embarquement des bois, les chocs sourds des bûches qui commencent leur pérégrination. Suivons un instant du regard ces pauvres voyageuses qui ne reverront plus la forêt natale. La *rivière est noire*, selon l'expression consacrée ; l'eau disparaît sous cette masse mouvante qui, là où le courant se ralentit, chemine paisiblement et forme une sorte de plancher mobile sur lequel il semble qu'on pourrait, d'un pied leste, passer d'une rive à l'autre. Dans les rapides, c'est une avalanche qui se précipite avec un bruit assourdissant, bondit de rochers en rochers, se heurte et se meurtrit dans une mêlée furieuse. Quelques bûches, comme essoufflées

---

[1] On ne *flotte* que les bois coupés l'année précédente.

de cette course folle, profitant d'un remous, s'accrochent à un repli de la rive ou à une roche à fleur d'eau, et semblent vouloir y reprendre haleine; mais le croc de la *poule d'eau* [1] fait bonne garde, et les paresseuses, harponnées vigoureusement, reprennent bien vite à travers la vallée leur voyage sans trêve. D'autres plongent d'un élan désespéré sous leurs compagnes, s'engagent dans le gravier ou se cramponnent à quelques racines : celles-là ne reparaîtront plus; elles préfèrent sans doute la mort à l'exil [2]. Mais que l'une d'elles, se mettant en travers du courant, s'arc-boute obstinément à deux pointes de roc et résiste à l'effort des eaux, aussitôt tout s'arrête : les bûches s'accumulent, s'entassent avec une prodigieuse rapidité; l'obstacle, toujours grandissant, forme bientôt un énorme barrage, qui s'élève parfois à la hauteur d'un second étage, sur une étendue de plusieurs centaines de mètres, et contre lequel la rivière se brise furieuse mais impuissante : c'est une *prise*. Le jetage des bois est

---

[1] On appelle ainsi les gens chargés de la surveillance du flottage.

[2] Ce sont les *canards*; appellation assez impropre, puisque ces bûches nagent moins bien que les autres. Ces *canards* occasionnent une perte considérable au commerce.

interrompu ; des cris d'appel retentissent de toutes parts, les flotteurs accourent ; il faut *déprendre*. Cette opération n'est pas sans périls. Grimpés sur une roche glissante ou sur les bûches amoncelées, armés de leur gaffe au fer pointu, les flotteurs s'efforcent de rompre ce barrage improvisé ; mais que le pied manque à l'un d'eux sur le granit poli, ou que l'échaffaudage chancelant qui le porte s'effondre tout-à-coup, et le pauvre diable tombe et peut périr au milieu de ce cataclysme de bûches meurtrières.

Le flottage est une industrie au déclin ; cette rude ébauche de la navigation doit forcément disparaître devant le progrès, et tôt ou tard la locomotive, obéissante et rapide, remplacera, pour le transport des bois, la rivière à la marche lente et capricieuse. Vienne ce jour que le Morvand appelle de tous ses vœux, il lui devra peut-être une prospérité plus grande, mais il y perdra à coup sûr un des traits, et le plus original, de cette physionomie que nous venons d'esquisser.

CHAPITRE XI

CHAPITRE XI

—o—

CURIOSITÉS ARCHÉOLOGIQUES ET AUTRES.

LE BEUVRAY.

A tout seigneur, tout honneur. Parler du Morvand sans dire un mot du Beuvray est chose impossible. Aussi bien, l'antique Montagne sainte, l'Acropole éduenne est là qui dresse sous le ciel son front sombre, et qui nous attire. Son charme est puissant sur nous, fils des Celtes, car ses larges plateaux, savamment fouillés, déroulent aujourd'hui à nos regards les annales d'un passé qui fut celui de nos pères, et nulle autre part peut-être il ne nous sera donné de surprendre ainsi quelques-uns des secrets de leur rude existence. Qui sait même si leur histoire n'est pas écrite ici tout entière [1], depuis le jour où tatoués et peints en bleu, armés du couteau de pierre et de l'épieu durci au feu, ils quittèrent les plateaux de la Haute-Asie et vinrent élever sur cette cime l'enceinte sacrée que les peuples primitifs plaçaient toujours sur la plus haute montagne du pays [2]? Le vieil Atlas morvandeau

---

[1] On voit que nous tenons pour démontrée l'existence de Bibracte sur le Beuvray, préjugeant ainsi le grand procès toujours pendant entre Autun et cette montagne. Bien que le « *longe maximum et copiosissimum oppidum* » nous semble mieux mérité par la Bibracte du Beuvray, que le « *Soror et œmula Romœ,* » où la flagornerie romaine eût été par trop audacieuse, nous ne nous reconnaissons pas compétence suffisante pour contester l'opinion des savants archéologues (MM. Bulliot, D'Aboville, Charleuf, X. Garenne), qui défendent la cause du Beuvray avec tant d'autorité et une ardeur si convaincue.

[2] Le *nemedh* des Celtes, qui renfermait toujours une ou plusieurs idoles. Ces lieux de culte, où s'assemblaient les populations à des époques déterminées, se couvraient peu à peu d'habitations, comme au moyen-âge le voisinage des oratoires et des monastères. Bientôt l'enceinte circulaire, qui primitivement n'avait servi qu'à isoler de la terre commune l'espace consacré au culte, s'augmentait, se fortifiait, et le sanctuaire devenait un oppidum (*capitolium, arx*, chez les Latins; *dunum*, chez les Gaulois), servant tout à la fois de refuge en cas de guerre, et de lieu de réunion pour les transactions, les réjouissances et les fêtes religieuses.

porte sans doute sur ses robustes épaules tout un monde encore inconnu de vestiges et de souvenirs.

Mais d'abord, voici autour de nous ces petites maisons rondes des Gaulois, telles que les décrivit Strabon, il y a plus de dix-huit siècles, avec leurs toits de chaume [1], leurs murs en pierres et en bois, blanchis intérieurement à la chaux vive, et placées les unes contre les autres comme des ruches d'abeilles ; voici leurs grossières poteries noires et rouges, aux dessins rudimentaires ; les amphores pour leur provision d'eau et les urnes pour leur sépulture [2] ; voici encore quelques-uns de leurs ustensiles et de

[1] Au Beuvray la plupart des maisons paraissent avoir été couvertes en tuiles de même forme que celles des Romains. Mais ces tuiles proviennent sans doute du camp permanent romain qui doit avoir beaucoup à revendiquer dans tous ces vestiges.

[2] Indépendamment des tumulus fouillés ou indiqués par M. Garenne (voir – Bibracte,– p. 149.), on aurait trouvé au Beuvray, comme à Corbigny et à St.-Révérien, des sépultures pratiquées dans des troncs d'arbres creusés et dans des silos. Cette première forme, bien antérieure à l'incinération qui est le seul mode de sépulture gauloise dont nous parlent les anciens, se retrouve également au Mecklembourg, chez les Souabes et au Caucase. Quant à la forme en silo ou pyramide tronquée, elle est fort rare dans l'antiquité, et semblerait avoir une origine phénicienne.

leurs ornements. Dans ce quartier¹ se sont fabriquées, sous la direction de quelque forgeron biturige ou pétrocorien², ces longues épées en fer mou, souvent damasquinées d'argent, que les Gaulois fournissaient à une partie de l'Europe. De cet atelier³ sont sorties ces émaux dont nos ancêtres, au dire de Philostrate, passaient pour avoir découvert et posséder seuls le secret. Si même nous prenons pour guide un laborieux archéologue⁴, il nous montrera la citadelle et le forum de la ville, son théâtre, le palais de son Vergobreth et le sanctuaire de ses druides; c'est une résurrection de la Bibracte des anciens jours, où l'imagination tient peut-être un peu trop de place, mais où le savoir ne fait nullement défaut.

Deux grandes époques historiques sont du moins inscrites ici en caractères indiscutables : c'est la *Roche Salvée* ou la *Pierre de la Wivre*⁵ qui fait

---

¹ Le quartier dit *des forgerons*.
² Le Berry et le Périgord étaient les principaux foyers métallurgiques des Gaules. — STRABON, ch. 4. J. CÉSAR, ch. 7.
³ Un atelier d'émailleur, découvert récemment.
⁴ M. X. Garenne, — Bibracte.
⁵ Voir plus loin : Monuments mégalithiques.

renaître à nos yeux les mystères du culte druidique et peut-être ses sanglants sacrifices ; c'est la *Roche du pas de l'Ane*, qui nous rappelle la lutte ardente du Christianisme encore au berceau avec le paganisme expirant. La légende est dans toutes les bouches : Saint Martin, le grand apôtre des Gaules, parcourait le Morvand, renversant les idoles et catéchisant les païens. Il arriva, en 376, au Beuvray, où les Éduens, mauvaises têtes alors comme les Morvandeaux d'aujourd'hui, prirent fort mal les exhortations du saint thaumaturge et lui coururent sus. L'apôtre, monté sur son âne et poursuivi par une meute d'idolâtres, fuyait la mort, quand se rencontre devant lui la brèche béante de Malevau [1]. Comment faire ? Saint Martin n'hésite pas, il invoque le Seigneur et pique sa monture qui franchit comme un oiseau le profond ravin et va tomber sur un rocher situé à l'autre bord. Ce rocher porte encore l'empreinte du sabot de l'âne, qui, prévoyant sans doute le scepticisme des générations futures,

---

[1] La *Gorge de Malevau*, la *Comme-Chaudron* et la *Goutte d'Empierre* (goutte, gutte, *guttur*, *fauces*, passage étroit, défilé), sont trois ravins qui sillonnent les flancs du Beuvray et lui donnent l'air d'avoir été formé par l'accolement de plusieurs montagnes.

prit la précaution de laisser sur le granit la preuve incontestable de ce bond miraculeux.

Qui sait encore si le touriste ne pourrait pas évoquer ici quelques-unes des grandes ombres du passé, celles des principaux acteurs du dramatique prologue de notre histoire nationale? De quels événements en effet la vieille cité gauloise n'a-t-elle pas été témoin pendant ces quinze ou vingt siècles d'existence que comptait déjà notre nation avant l'arrivée de César? et de combien, depuis cette époque, jusqu'au jour où la solitude s'y est faite à jamais? Quand l'histoire est muette ou incertaine, les conjectures ont de droit le champ libre. N'est-ce pas de là que partirent les contingents éduens dans ces innombrables émigrations celtiques qui, durant 1,300 ans, inondèrent l'univers connu? Vercingétorix, cette âme incarnée de la Gaule, n'y fit-il pas entendre le suprême appel de la patrie en danger? Et Sacrovir, un de ces rares Gaulois qui préféraient encore la braie au laticlave, ce cri de révolte auquel quarante mille Éduens répondirent, mais hélas! sans autre résultat que de rendre plus pesant le joug de fer que leur avait forgé César [1]. Quant à

---

[1] Est-il nécessaire de rappeler que Sacrovir et les principaux conjurés, retirés dans une maison de cam-

lui, nous avons son témoignage ¹, Bibracte l'a vu passer ce terrible chauve dont le nom remplit encore nos montagnes ², et, dans l'enivrement du triomphe, mis en goût par l'immolation de notre indépendance, peut-être y rêva-t-il déjà la perte de la liberté romaine? Puis après lui, et tour-à-tour, les légions conquérantes chargées de *pacifier* la Gaule exsangue ³; les barbares, qui ne négligeaient pas plus les retranchements tout faits que les maisons toutes prêtes; le moyen-âge féodal, qui, sous la figure des hauts et puissants seigneurs de

---

pagne voisine d'Augustodunum, s'y entre-tuèrent, ne voulant pas survivre à leur défaite.—Tacite, Ann. l. 3.

¹ Legionibus que in hibernâ remissis ipse se recipit die xl Bibracte. Ajoutons qu'il lui laissa son nom : *Julia Bibracte*.

² M. Duvivier, dans son opuscule — César et le Morvand — a voulu montrer combien ce nom est resté vivace dans nos montagnes, où tout retranchement s'appelle : *Camp de César*; toute voie ancienne : *Chemin de César*; Château-Chinon : *Chenil de César*, etc. Le fait est vrai, mais il n'est point particulier au Morvand. Ce hobereau, dont parle Voltaire, qui affirmait que son colombier avait été bâti par César, n'était pas Morvandeau, que nous sachions. Les lâches flatteries du vaincu pour le vainqueur ne sont-elles pas de tous les pays et aussi de tous les temps?

³ Paul Orose, liv. 6. ch. 12.

Glenne et de Laroche-Milay, y arbora ses pennons armoriés [1]. Puis enfin le Christianisme, qui en reprit possession et y planta cette croix [2] qui survit à tout, aux générations évanouies, aux temples écroulés et à leurs dieux disparus.

Telle nous apparaît à travers la nuit des siècles Bibracte, « sanctuaire primitif des lois, des dieux et de la liberté de notre pays. » Aujourd'hui Bibracte se nomme le Beuvray. A cité défunte nom défiguré. Ce joyau archéologique n'a plus hélas! pour le grand nombre que le prestige des souvenirs et la majesté mélancolique des grandeurs déchues. Sa masse imposante, qu'escaladent les forêts et qu'assiége la bise, — et plus que jamais elle y mériterait des autels [3], — découpe dans la brume

---

[1] Ils y percevaient des droits sur les foires, et, d'après M. l'abbé Baudiau, y tenaient des pas d'armes et des tournois.

[2] Une croix monumentale en granit, dédiée à saint Martin, y fut érigée par les soins de la Société française d'Archéologie, le 10 septembre 1851, sur l'emplacement d'un ancien oratoire également dédié à saint Martin et complétement ruiné.

[3] D'après Sénèque, les Celtes adoraient la bise sous le nom de *Circius*; à sentir sur le Beuvray ses morsures aiguës, on serait tenté de croire que la perte de ses adorateurs lui a encore aigri le caractère.

ses cimes muettes et découronnées [1]. Une fois par an seulement, le premier mercredi de mai, avec la nature en fête elle semble renaître à la vie. Une foire, à peine connue dans les alentours, mais jadis « renommée par toute la France, » se tient sur *la vaste et belle planure* que déploie la montagne [2]. Alors, où durant des siècles résonna le *bardit* guerrier, retentit un instant la paisible musette; mais, en revanche, le rouge-bord bourguignon y coule avec plus d'abondance sans doute que jadis l'hydromel et la cervoise. Puis le Beuvray retombe dans le morne silence des hauteurs solitaires. Intrépide et obstinée, seule la science s'y exile pour arracher aux entrailles du sol les secrets du passé [3], et de rares tou-

---

[1] Le mot *bifractus* n'est probablement que la latinisation barbare de Bibracte. De toutes parts, notamment du côté de l'ouest, où le relief de la montagne se dessine dans toute son ampleur, le Beuvray présente une ligne anfractueuse qui constitue réellement trois ou quatre sommets.

[2] Guy Coquille, t. 2, p. 289. — Cette foire était connue sous le nom de *lite* du Beuvray, ou littéralement « réunion des jours de sacrifices » (*lito*, *litare*, sacrifier).

[3] Que MM. Bulliot et Garenne acceptent ces lignes comme un hommage. A quelque opinion que l'on se range dans ce problème à la solution duquel ils ont consacré leur temps et leur peine, on doit reconnaître

ristes viennent demander à ce plateau désert ce que le temps ni les hommes n'ont pu lui ravir, le merveilleux panorama qu'on découvre du haut de ses huit cent dix mètres, quand le brouillard veut y mettre un peu de complaisance. Ce panorama est peut-être unique en France. Regardez ! au sud-est, ces flocons de nuages blancs au bord de l'horizon : les Alpes ; au sud-ouest, cette ligne onduduleuse : les monts d'Auvergne où s'élève Gergovie ; les deux vieilles acropoles rivales pouvaient se défier à quarante lieues de distance. Puis d'autres montagnes encore, celles du Jura, du Forez, etc. Sur un plan plus rapproché : les fumées sombres du Creuzot, Autun et la flèche élancée de sa cathédrale, les sillons d'argent de l'Arroux et de la Loire, la haute ceinture des montagnes morvandelles, Glux, la Gravelle, Prénelay, etc. Là, tout à nos pieds, Thouleurs, surmonté de son énigme archéologique ; Laroche, dont le château moderne ne peut faire oublier le noir donjon, parure naturelle de ce fier piédestal de granit. Enfin, autour de nous, tout un troupeau de montagnes dont le Beuvray semble le pasteur. Mais laissons la parole à un touriste qui a

qu'ils ont bien mérité de la science et du pays éduen tout entier.

décrit ce grandiose spectacle avec un véritable lyrisme, et qui, étranger au Morvand, ne peut être du moins suspect d'exagération ni de parti pris [1].

« Ne cherchez pas, vous n'avez rien vu qui ressemble à cela. C'est un océan de montagnes, et l'on a l'illusion d'une tempête gigantesque telle qu'en décrit Victor Hugo. Bien qu'on aperçoive les montagnes du Morvand, celles du Forez, celles de l'Auvergne, il n'y a de bornes nulle part ; pas de pic qui domine, pas de point culminant qui surplombe et écrase le reste. Ces sommets ne sont pas aigus et dentelés comme dans les Alpes; vus de ce plateau, ils ont tous la forme exacte de vagues énormes que soulève une mer en fureur. C'est ici que les coloristes devraient venir, toutes les nuances s'y rencontrent. Ces flots multicoles se dressent les uns par dessus les autres, en face, à droite, à gauche, à l'infini : c'est immense ! On ne peut s'arracher au spectacle de cet océan terrestre, de cette houle formidable. »

[1] M. Yung, — Journal de la Nièvre.

MONUMENTS MÉGALITHIQUES.

DOLMENS, MENHIRS, ETC.

Voici un ténébreux passage et où nous ne nous aventurons qu'en tâtonnant. Comment pourrait-il en être autrement d'ailleurs, quand la science discute encore et discutera longtemps sans doute sur l'origine, sur la date, sur le sens, sur la destination de ces mystérieux monuments? Quand certains archéologues, inclinant à les attribuer à une race plus ancienne que celle des Celtes [1], prétendent que le

---

[1] Les Celtes auraient été précédés dans les Gaules par plusieurs tribus libyennes ou africaines, des Troglodytes, des Numides, des Ligures, qui occupaient la partie des Gaules entre les Pyrénées et la Loire, à laquelle ils ont donné leur nom (*Liger*). La plupart élevaient des mégalithes.

Nous demandons ici, une fois pour toutes, pardon a nos lecteurs de ce déploiement de science facile; mais quelques éclaircissements nous semblent indispensables pour ceux d'entre eux au moins à qui l'étude de pareilles questions n'est point familière.

nom de *druidiques* ou *celtiques*, qu'ils portent communément, est impropre, car ils existent chez des peuples où le druidisme n'a point existé et dans des régions où jamais les Celtes n'ont mis les pieds; tandis que pour d'autres les mégalithes constitueraient l'élément indigène de la civilisation gauloise? Quand enfin un savant anglais [1] vient affirmer récemment que le fameux *Stonehenge* des Iles Britanniques, considéré par les uns comme un temple du Soleil, par d'autres comme le foyer principal du druidisme [2], ne daterait que du ve siècle après J.-C. et serait tout simplement un monument commémoratif de l'assassinat de chefs britons, en partie romain? Comment faire pour ne pas s'égarer dans ce dédale semé d'embûches et pour bâtir sur ce sujet autre chose que des hypothèses? C'est ce que nous serons bien forcé de faire pour ceux de ces monuments que nous avons visités ou qui ont été l'objet d'une description suffisante; quant aux autres, nous nous contenterons d'énumérer les principaux, avec d'autant plus de raison que la plupart d'entre eux,

---

[1] M. James Fergusson, — Rude stone monuments.

[2] D'après César (liv. 6. ch. 13.) le druidisme a pris naissance dans la Grande-Bretagne; mais certains de ses dogmes, particulièrement celui de la migration des âmes, sont d'origine égyptienne.

détruits par un vandalisme inconscient, n'existent guère aujourd'hui que dans les souvenirs, et que l'authenticité de quelques-uns peut paraître contestable.

Près de Château-Chinon, au pied de la montagne du *Château*, du côté de l'est, s'élève un dolmen ou un demi-dolmen, appelé la *Maison du Loup*. La table, qui repose en arrière sur une pointe de roc, mesure près de neuf mètres de circonférence, et les deux jambages qui la supportent, quatre-vingts centimètres environ. Leur écartement forme une ouverture exactement orientée. Ils sont posés sur un piédestal de rochers perpendiculaires de cinq mètres de hauteur. La partie supérieure est fruste, sans rigoles ni bassins[1]; la partie inférieure, un peu concave, semble avoir été évidée au ciseau. La situation de ce dolmen, son accès difficile, l'escarpement de sa face supérieure, l'absence de creux et de déversoirs, ne permettent pas de le ranger dans la classe des dolmens-tombeaux, ni dans celle des dolmens-autels. Il serait donc probablement un

---

[1] L'existence de ces bassins, destinés à recevoir le sang des sacrifices, implique l'usage des outils de métal, et conséquemment fait rattacher ces dolmens à l'âge du bronze ou du fer.

dolmen symbolique, figure de quelque triade divine, une pierre *d'adoration*, le *bothal* des Irlandais [1], le *béthel* des Sémites, c'est-à-dire : *Maison de Dieu*, et son nom actuel de : *Maison du Loup*, qui lui a été donné sans doute par le Christianisme, fidèle à son système de transformation, nous confirmerait dans notre opinion.

Dans la commune de St-Léger, près du village de *l'Homme*, on remarque un énorme massif de granit, appelé *Rochambeau*, au sommet duquel une pierre de trois mètres de haut a été dressée de main d'homme. Sa base paraît avoir été équarrie pour lui donner une assise régulière, et l'un de ses côtés porte l'empreinte d'une taille grossière. Derrière ce bloc s'en trouve un autre qui semble lui servir d'appui, et où se voient également les traces de la taille. Était-ce le second jambage d'un dolmen détruit ? Était-ce la table horizontale d'un *bilithe* renversé, du T symbolique des Lybiens ? Ce monument ne fut-il au-contraire qu'un pilier commémoratif, une borne ou un trophée ? Nous serions fort en peine de nous

---

[1] C'est le *cromlech* des Anglais, qui n'a pas chez eux le sens de *cercle de pierres* que nous lui attribuons.

prononcer. Tout ce que nous croyons pouvoir affirmer, c'est que nous possédons là un monument mégalithique quelconque, et qu'il serait bon de veiller à sa conservation.

Tous les visiteurs du Beuvray connaissent la *Pierre Salvée* et la *Pierre de la Wivre* [1], que nous avons mentionnées plus haut. La *Pierre Salvée* [2], en partie mutilée, n'offre plus guère d'intérêt aujourd'hui. Quant à la *Pierre de la Wivre*, située à l'extrémité ouest du *Champlain*, c'est une sorte de pyramide tronquée, en forme d'estrade, où l'on monte par un double plan incliné taillé dans le roc ; M. Garenne y voit un autel, et la cuvette, appelée

---

[1] La *Guivre, Wivre*, (*Vouavre* en morv.), était le dragon fantastique, aux yeux d'escarboucles, chargé de la garde des trésors et des palais enchantés dans les romans des trouvères.

[2] M. Garenne, considérant ce monument comme une idole, le nomme *Pierre Saluée*. Nous nous rangeons à son sentiment ; d'abord, parce qu'il est hors de doute que dans les Gaules, comme en Grèce et ailleurs, certains piliers étaient des idoles, et que le Mercure gaulois était tout particulièrement adoré sous cette forme ; ensuite, parce que le mot *salvée* n'a jamais eu en patois morvandeau le sens de *soulevée*. C'était là la roche *pouquelée* (adorée) de certaines parties de la France (Manche).

Fontaine des larmes, creusée au sommet, lui paraît avoir été le réceptacle du sang des victimes [1]. Nous y verrions plutôt, qu'on nous passe aussi notre hypothèse, l'autel où s'accomplissait la cérémonie du *gui*. Les druides mettaient infuser la plante sacrée dans cette cuvette pleine d'eau et distribuaient ces vingt-cinq ou trente litres de liquide, transformé en eau lustrale, à tous ceux qui en désiraient, comme une panacée contre une foule de maux, y compris les maléfices et les sortiléges. Ajoutons que les druides étaient un peu.... médecins, comme chacun sait, et que le *Champlain* pourrait bien avoir été le *Forum* de Bibracte.

Sur ce même Beuvray, dans une gorge profonde et ténébreuse, du côté de Laroche-Milay, s'élève une pyramide de pierre de quatre à cinq mètres de hauteur et qu'on appelle le *Clocher*. M. Garenne signale ce monument comme un des plus curieux mégalithes de France.

Nous trouvons encore indiqués par d'autres auteurs [2] :

---

[1] Les sacrifices humains ne s'accomplissaient guère que sur les dolmens, ainsi que l'attestent les nombreux ossements qui gisent autour des dolmens-autels.

[2] Album du Nivernais, MM. Charleuf, Baudiau, Jaubert, Grasset, etc.

Le *Fort-Chevresse*, dans la *Forêt-Chenue*, près de St-Brisson. La table avait douze mètres de diamètre.

La *Pierre Bernuchot*, ou *Pierre de la Vierge*, près de St-Martin-du-Puy, dolmen à bassins, avec empreinte informe d'une image humaine.

Le dolmen de Marigny-l'Église, également à bassins.

Le dolmen de la *Forêt du Breuil*, près de Dun-les-Places, avec figure humaine, (détruit en 1849).

Un champ de menhirs dans la même commune.

La *Roche aux Loups*, située dans les bois : les *Grands Vernets*, à deux kilomètres de Lormes, dolmen à bassins.

Le *Pras-bis*, sur la montagne de *Rosé*, commune de Villapourçon. Ce monument nous paraît être un dolmen-autel, et les galeries creusées de chaque côté, où M. Charleuf a constaté les traces de travaux métallurgiques, peuvent avoir été les *allées couvertes* où se célébraient dans l'obscurité, pour les initiés seulement, certains mystères druidiques. Cependant, étrange coïncidence, le mot *pras* est le nom irlandais de l'étain.

La *Maison du bon Saint Martin*, près du village de Cussy, même commune. Ce dolmen, qu'il serait fort intéressant de fouiller, est un dolmen-tombeau, comme le prouve l'ouverture pratiquée dans la paroi du fond, ouverture que certains archéologues disent être la porte laissée à l'âme pour sortir du sépulcre, et qui, selon d'autres, était tout prosaïquement le guichet par où les survivants donnaient aux mânes pour aliments les débris des sacrifices offerts en leur honneur.

La *Chaise à Buteau* [1], près du hameau de ce nom, aujourd'hui commune de Fâchin et ci-devant de Villapourçon. C'est un massif de granit quartzeux qui a pu être surmonté d'un de ces piliers à *siége* qu'on rencontre en Allemagne et en Angleterre (*piliers à Oracles*), mais qui n'a plus aucun caractère aujourd'hui. Tout auprès, dans les *Champs des Juizes*, où la tradition place une ville, on a dé-

---

[1] On a cherché dans ce mot un radical grec (*théos*, dieu); il nous semblerait plutôt une corruption du *béthel* sémitique. Non loin de ce hameau, celui des *Carnés* porte un nom qui rappelle *Carnac*, les *Carneilloux* armoricains (*cairn*). Là existe un procédé de blanchissage de toiles assez primitif pour être gaulois. Le tissage de la toile et le foulage des étoffes, ces deux industries si longtemps morvandelles, étaient essentiellement gauloises : *Galliæ universæ vela texunt.*— Pline, liv. 19, ch. 2.

couvert récemment quelques substructions qui nous ont paru insignifiantes.

La *Chaise à Berthot*, au revers septentrional du mont *Genièvre*, même commune.

Enfin, l'*Écuelle du bon Saint Martin* et la *Pierre Perthuise*, toujours dans la même commune qui était, comme on le voit, riche en monuments de ce genre; sans compter ceux qui y sont encore ignorés et ceux que nous oublions, sans aucun doute, dans d'autres parties du Morvand.

Nous rangerons dans la catégorie de cette énigmatique architecture un singulier travail qui existe dans les bois de *Montpensy*, commune d'Ouroux. C'est une tranchée appelée *La Loutière*, mesurant encore actuellement trois cents mètres de long, sur huit de profondeur et dix-huit de largeur. Cette tranchée en partie comblée a dû avoir des dimensions beaucoup plus considérables. N'était-ce pas là une de ces galeries souterraines que les peuples Troglodytes[1] transformaient soit en une sorte de temple sombre et mystérieux, soit en habitations, en les recouvrant de dalles de pierre ou de pièces de bois,

---

[1] Lybiens : voir la note p. 186.

et qu'on retrouve dans plusieurs contrées de la France? (les grottes de la Haute-Loire, de la Creuse, le *Trou des Fées*, près d'Aix, etc.). Si vous interrogez le premier paysan venu, il vous racontera, comme d'habitude, que ce sont les fées qui ont creusé cette tranchée dans le but un peu téméraire d'amener les eaux du ruisseau voisin au sommet de la montagne, où était leur résidence. Malgré les difficultés de l'entreprise, tout marchait à souhait, si bien que l'une d'elles, voyant l'eau affluer déjà dans le réservoir, s'écria : *S'il plaît à Dieu, nous la tenons!* — *Bah!* reprit une autre, libre-penseuse probablement, *qu'il lui plaise ou non, nous la tenons toujours!* Le châtiment ne se fit pas attendre, et ces paroles n'étaient pas achevées que le ruisseau reflua et regagna prestement son lit, d'où oncques il ne bougea. C'est ce qui fit que les pauvres fées travaillèrent en pure perte, et que la *Loutière* ne sert actuellement qu'à retraire les loups du voisinage...... et aussi peut-être à faire divaguer les antiquaires.

Un instrument primitif, qui se rattache aux mégalithes par sa nature et par son âge, le *celt* ou hache de pierre, est extrêmement rare en Morvand. L'industrieux et aventureux peuple éduen, mis en contact de bonne heure avec la civilisation romaine, et peut-être, grâce à Alise et à Bibracte, avec celle de l'Orient, n'a dû faire qu'une courte halte dans l'âge de la pierre et est passé rapidement sans doute à l'âge du bronze et du fer. Nous serions même tout disposé à admettre que les rares spécimens de celts que fournit le pays sont d'importation étrangère. Ce qui nous confirmerait dans ce sentiment, c'est que les deux seules haches de pierre, trouvées par M. Charleuf dans sa longue carrière de chercheur, l'ont été à *Vénissien* [1], dont le nom rappellerait une colonie de ces *Vénètes*, qui faisaient par la Loire un commerce considérable avec la Gaule centrale et qui travaillaient la pierre avec une remarquable perfection; c'est encore que trois celts en silex ont été découverts à *l'Huys-Seigneurot* [2], où nous verrions, d'après l'hypothèse que nous avons émise [3], une ancienne habitation burgonde. Or, il est bon de rappeler ici que les limites assignées aux différents âges n'ont rien de rigoureux; que l'âge de la pierre, notamment, a empiété chez certains

---

[1] Commune de Villapourçon.

[2] Commune de Maux. Un de ces celts, de grande dimension et admirablement travaillé, a été donné par M. de Saint-Maur au musée de Château-Chinon.

[3] Voir p. 103 et suiv.

peuples sur l'âge du bronze [1], et s'est prolongé en Germanie, par exemple, bien au-delà de l'ère chrétienne, ainsi que le prouvent les haches de pierre qu'on rencontre fréquemment dans des sépultures burgondes, datant de l'invasion.

VOIES ANCIENNES.
ÉTABLISSEMENTS MILITAIRES [2].

Le territoire de l'arrondissement de Château-Chinon était traversé par plusieurs voies anciennes dont

---

[1] Nous manquons de renseignements précis sur l'abondance des celts de bronze. Le modeste musée de Château-Chinon ne possède, croyons-nous, que celui dont nous avons parlé. Dans une intéressante notice qu'il vient de publier, l'honorable conservateur du musée de Varzy, M. Grasset, cite plusieurs celts en bronze découverts dans la commune de Chevenon et déposés aux musées de la Charité et de Nevers. Il parle également de celts en pierre possédés par le musée de Varzy, entre autres d'un celt en porphyre et d'un en granit, ce dernier trouvé à Marigny-l'Église.

[2] Les oppidums, castrums et castellums existant presque toujours sur le parcours des voies anciennes, dont ils étaient les gardiens, nous les rangeons sous le même titre.

quelques fragments sont à peine visibles aujourd'hui. Ces voies sont généralement considérées comme romaines. Cependant, il nous paraît supposable qu'avant la conquête des voies gauloises mettaient en communication les centres importants du pays, et que de Bibracte particulièrement devaient rayonner un grand nombre de chemins ouverts au commerce et à la stratégie de l'époque. Que les Romains les aient améliorés, soit; mais qu'ils aient percé toutes les routes qu'on leur attribue dans le Morvand, pays accidenté, couvert de forêts impénétrables et habité par une population insoumise et mal disposée à l'endroit de vainqueurs insatiables, nous en doutons fort. Il est probable d'ailleurs que les ingénieurs d'alors ne cherchaient pas plus les difficultés que ceux de nos jours, ainsi que tendrait à le démontrer le tracé d'une voie romaine authentique, celle d'Agrippa [1], qui décrivait une courbe à l'est du Morvand, par Lucenay, Liernais, Saulieu,

---

[1] Agrippa, gendre d'Auguste, gouverneur de la Gaule, a laissé son nom aux magnifiques voies dont il la dota. Celle dont nous parlons était la voie de Lyon à Boulogne, par Amiens, Auxerre et Autun, ville dont Agrippa paraît avoir été le principal fondateur. (an de J.-C. 21.)

Avallon, etc., mais qui se gardait bien de l'affronter en ligne droite.

Quoiqu'il en soit, le Morvand était certainement mieux percé à l'époque gauloise ou gallo-romaine qu'il ne l'était au commencement du siècle; on en va juger par l'énumération des principales voies qui le parcouraient alors :

1° La voie d'Autun à Château-Chinon, par Roussillon, les Pâquelins, les Bardiaults, où la légende place encore une ville (la ville *des Buis*), et où l'on a trouvé des médailles, des tuiles à rebords, etc., par les Manges (*mansio*, lieu de repos). Elle touchait au nord-est la montagne de Château-Chinon vers l'Huys-Gaudry, et se continuait sur Lormes par les Chaumes-Cottin, le Murgerot [1], le bois d'Arringe, où des tronçons ont été longtemps visibles, Mhère, etc..

Cette voie était gardée par le *Castrum Caninum* (Château-Chinon), occupant l'emplacement d'un oppidum gaulois [2].

---

[1] Murger ou merger, *Mercurii agger, acervus Mercurii*. On appelait ainsi un amas de pierres placé sur le bord des routes et consacré à Mercure, le dieu protecteur des chemins et du commerce.

[2] Hist. de Château-Chinon, p. 15 et suiv.

2° La voie de Château-Chinon à Entrains [1], par les communes de St-Hilaire, de Dommartin, de St-Péreuse, etc.. Cette voie passait en Chaux [2], aux Guéras, au bois Robinet, où des débris d'armes et des médailles ont été découverts.

3° Celle de Château-Chinon à Avallon, par les communes de Planchez, de Montsauche, de Gouloux, de St-Brisson, etc.. Elle devait s'amorcer vers un point difficile à déterminer à la voie d'Agrippa. Elle était coupée au nord-est de Planchez par la voie d'Autun à Entrains, venant par Anost, La Chaise, le Crot de Montmoret, où l'on peut encore admirer aujourd'hui les monstrueux

---

[1] Nous avons eu plusieurs fois déjà l'occasion de citer cette localité qui, avant et après la conquête, a eu une importance considérable. D'une inscription trouvée récemment à Entrains et communiquée à l'Académie des Inscriptions par M. Léon Renier, il résulte qu'une société d'ouvriers en bronze, formée en collége, existait dans l'ancienne Interanum. La plupart de ces colléges d'ouvriers bronziers se composaient primitivement d'Étrusques, qui étaient des Sémites, ce qui servirait à expliquer peut-être le caractère oriental de certains objets découverts à Entrains.

[2] Chaussée (*callis*) : ce nom indique le passage d'une voie romaine plus souvent encore que le voisinage d'une forêt.—Voir la note, p. 6.

troncs d'arbres qui la bordent, l'Haut-de-Chaux, Ouroux, Lormes, etc..

Cette voie était protégée par l'oppidum de Verdun [1], dont le nom (*Virodunum*) indique suffisamment l'origine celtique; cette colline, située à l'angle de jonction de deux ruisseaux (*la Montagne* et *Rainache*, un mot à physionomie toute germanique), est couronnée d'une enceinte circulaire d'un kilomètre d'étendue environ, et composée d'un rempart de pierres amoncelées, qui, sur certains points, présente encore aujourd'hui cinq à six mètres d'élévation. Chose remarquable, comme dans les anciens *témènes* et dans les enceintes sacrées de la vallée de l'Ohio, le fossé, au lieu d'entourer extérieurement et de protéger la levée, semble avoir existé à l'intérieur. Cette construction rappelle les *Erdbourg*, les *Bourgwal* germaniques, servant tour-à-tour de lieux de sacrifices, d'asiles temporaires et de forteresses permanentes, suivant les circonstances. C'est un oppidum gaulois remanié par les Germains et des plus curieux à visiter.

4° La voie directe de Bibracte à Château-Chinon, par la commune de Glux; elle passait près du Châ-

---

[1] Commune de Fretoy. — Voir la note, p. 137.

telet (*castellum*), où se trouvait quelque établissement militaire indiqué par le nom du village et les tuiles à rebords qu'on y découvre; près du hameau de Coujard, où Gillet l'a signalée. Elle suit l'ancien chemin de Fâchin, où l'on peut la retrouver encore.

5° La voie de Bibracte à Decize, par Petiton, le Foudon, St-Honoré, Montaron, etc.; c'est celle des Itinéraires.

6° Notons enfin, pour terminer, celle de Vandenesse à Château-Chinon, mentionnée en ces termes dans un terrier de Commagny, de 1451 : « Le grand chemin réal que fit faire feu de bonne mémoire, pour le temps qu'elle vivoyt, la royne Burnichède. [1] »

---

[1] On sait que beaucoup de voies anciennes portent le nom de *Chaussées de Brunehaut*, surtout en Belgique. Chassée d'Austrasie, Brunehaut se réfugia à Autun qu'elle affectionnait tout particulièrement.

RUINES FÉODALES.

CHATEAUX. ÉGLISES [1].

L'ancienne châtellenie ou comté [2] de Château-Chinon, possédée par les meilleures maisons, celles de Brienne, de Bourbon, de Bourgogne, d'Autriche, etc., n'eut point assez de charmes, paraît-il, et cela se conçoit, pour attirer ses trop grands seigneurs. La petite forteresse, qui succéda à l'oppidum gaulois et au castrum romain sur le sommet de la montagne dominant la ville, et qui fut démantelée et rasée par Louis XI, après la conquête de la Bourgogne [3], ne fut jamais, croyons-nous, une habitation digne de l'importance de la seigneurie. Les principaux vassaux du comté eux-mêmes,

---

[1] Dans cette description sommaire, nous ne nous occuperons que de l'arrondissement de Château-Chinon, et seulement de la partie de cet arrondissement qui dépend du Morvand.

[2] Ce titre lui est donné par la tradition, mais il n'a jamais été, que nous sachions, confirmé par des lettres-patentes.

[3] Hist. de Château-Chinon, p. 15 et suiv.

possesseurs de fiefs nobles [1], mais où la pauvreté des tenanciers était en parfait rapport avec celle du sol, se contentaient d'ordinaire d'y construire quelques modestes maisons-fortes qui n'ont laissé que des vestiges assez insignifiants. C'est ce qui explique que notre plus belle ruine féodale, la seule à peu près qui mérite d'être signalée, se trouve hors du territoire du Morvand et hors de la dépendance de la seigneurie de Château-Chinon.

Cette ruine est celle du château de Champdiou [2], situé à une faible distance du gracieux château de Saulières, à la limite du Morvand et du Bazois. Ce château fut construit au xiiie siècle par un juveigneur (*junior*, cadet) de la maison ducale de Bretagne [3]. Banni de son pays pour avoir tué son frère aîné, qui lui faisait, à son avis, trop maigre part dans l'héritage paternel, Jean de Champdeo se réfugia à la cour du duc de Bourgogne, s'insinua dans ses bonnes grâces et en obtint un fief dans son

---

[1] La seigneurie comprenait 195 fiefs nobles et 110 roturiers.
[2] Champdiou relevait de Nevers.
[3] P. de St.-Julien, — Mélanges hist. (1589), p. 383.

comté de Nivernais. D'après les chroniqueurs [1], les sires de Champdiou furent de rudes chevaliers qui portèrent haut dans les batailles et les tournois le noble écu breton, *d'argent semé d'hermine*, auquel ils avaient ajouté une *fasce de gueules*. Remanié au XV° siècle par la même famille, restauré au XVI° par Jean Sallonnyer du Péron qui l'avait acheté, le château de Champdiou paraît avoir été démoli par un de ses derniers propriétaires, le comte de La Ferté-Meun, qui, si le fait est vrai, a chargé gratuitement sa mémoire d'un bel acte de vandalisme. Aujourd'hui, bien que transformé en ferme, le vieux manoir offre encore l'aspect le plus imposant. Ces tours découronnées, ces hautes cheminées se dressant dans l'air comme des obélisques, et ne se tenant debout que par un miracle d'équilibre, ce large manteau de lierre qui pare et soutient les antiques murailles, le donjon avec sa tour d'angle et sa porte à pont-levis armée de machicoulis, tout cela à grand air et remplit l'âme d'un sentiment de tristesse et d'étonnement. Cette belle ruine se recommande à l'attention des touristes.

Notons rapidement : le château des comtes de Nevers à Moulins-Engilbert, bâti, d'après M. Char-

[1] Olivier de la Marche, Chastelain, Du Bellay.

leuf, sur l'emplacement d'un castrum gallo-romain dont quelques parties sont encore visibles. Il ne reste plus de l'ancienne construction que la porte fortifiée du xiv° siècle et des pans de murs ruinés ; les débris informes de l'antique forteresse de Luzy, qui daterait du xiv° siècle ; les vestiges plus informes encore de celle de Château-Chinon ; ceux de l'ancien château dont le moyen-âge couronna la *Vieille-Montagne*, près de St-Honoré, sur l'emplacement d'une fortification celtique ; Thouleurs, autre forteresse celtique dont le moyen-âge a fait également son profit, etc..

D'autres châteaux, de date plus récente, renferment quelques parties intéressantes pour les archéologues. M. de Soultrait [1] signale dans celui de Vandenesse, importante construction du xv° siècle, un portail s'ouvrant dans une cour carrée garnie de machicoulis, et la moitié de l'enceinte primitive ; dans ceux de La Bussière, de Mary, de Chassy, etc., quelques curieux détails d'ornementation.

---

[1] Statistique monumentale du département de la Nièvre — dans l'Almanach de la Nièvre des vingt dernières années. — Pour plus de détails nous renvoyons le lecteur à ce savant travail.

La plupart des autres châteaux du Morvand, ceux de St-Léger, de Besne, de Quincize, des Moines, de Laroche-Milay [1], de Chaligny, de Saulières, de la Montagne, etc., datent des XVI°, XVII° et XVIII° siècles; presque tous d'ailleurs ont été remaniés et modernés.

D'autres enfin, reconstruits en totalité, sont de nos jours, entre autres l'élégant château d'Argoulais, celui de La Chaux, de Mouasse, etc..

La pauvreté du sol, qui a empêché le Morvand d'être doté de demeures féodales remarquables, l'a privé également de jolies églises. A cette cause il convient toutefois d'en ajouter ici deux autres : la nature des matériaux du pays, qui se prêtent mal aux caprices de l'architecture, et la tardiveté de

---

[1] La Roche-Milay — *Rupes militis*, — le château le plus pittoresquement situé du Morvand, mais aussi, bien que construit par Villars, le plus dénué de caractère. Près de là, le bourg de Milay, où se serait livrée, d'après l'Historien de César, la fameuse bataille des *Helvètes*. Du haut du Beuvray les femmes éduennes ont pu suivre les émouvantes péripéties de cette lutte formidable dont l'issue devait coûter si cher à la Gaule. M. Garenne place ce champ de bataille à *Montmort*, près de Toulon-sur-Arroux.

l'affranchissement de ses habitants. Au temps où la Foi créait ces merveilles de pierre qui étonnent aujourd'hui notre scepticisme, l'homme n'était pas plus tôt en possession de sa liberté qu'il éprouvait le besoin de se bâtir une église, où il put en même temps rendre grâce à Dieu du bienfait inestimable qu'il recevait, et le prier de le lui sauvegarder. Ces trois causes réunies expliquent, à notre sens, la pauvreté du Morvand en fait d'édifices religieux. Aussi, ne voyons-nous guère à signaler que l'ancienne collégiale de Moulins-Engilbert, du commencement du XVIe siècle, et encore en lui demandant pardon de la comprendre dans notre énumération [1]; la grande et belle église de Semelay, du XIIe siècle, dont les chapiteaux, aux sujets étrangement hardis et scabreux, sont des plus intéressants; le chœur et une assez jolie chapelle, celle des seigneurs de Maison-Comte, dans l'église de Corancy; l'église de la chartreuse d'Apponay, devenue une grange, et quelques gracieuses constructions modernes qui sont tout à la fois une consolation

---

[1] La ville de Moulins, siége d'une importante châtellenie relevant de Nevers, a toujours eu la prétention, fondée d'ailleurs, de n'être point morvandelle.

pour le présent et une espérance pour l'avenir[1]. Tous les autres monuments religieux du pays, sans excepter celui de sa capitale, sont vraiment tristes à voir avec leur lourde et triste architecture romane, leurs murs d'une nudité désolante et leur inévitable clocher en bardeaux. Que le touriste détourne donc la tête et passe, en attendant de meilleurs jours.

OUVRAGES D'ART.

RÉSERVOIR DES SETTONS. AQUEDUC DE MONTREUILLON.

Dans la région la plus triste, la plus sauvage et la plus inculte du Morvand[2], au centre même des montagnes, s'étend le lac artificiel *des Settons*, magnifique réservoir destiné à assurer le double ser-

---

[1] Celles de Dun-les-Places, de St.-Péreuse, de Vandenesse, de St.-Léger, de Montreuillon; l'élégante chapelle, dédiée à Notre-Dame de la Salette, dans l'église de Sermages, etc. La plupart sont l'œuvre de quelque ardente et généreuse initiative, aidée du concours de toutes les bourses de la paroisse, petites et grandes.

[2] Commune de Montsauche.

vice du flottage des bois sur la rivière de Cure et de la navigation sur le canal du Nivernais. La plaine des Settons semblait naturellement prédestinée à l'établissement de cette vaste retenue d'eau. « Qu'on se figure un marais dans lequel la Cure et le ruisseau *de Suisse* se rencontrent et qu'ils inondent tous les ans, en y amenant les neiges et les pluies qui descendent de 6 ou 7,000 hectares de bois et de montagnes les plus élevées du Morvand. De chaque côté de cette plaine on ne trouve que des masses de granit recouvertes de pâtures spongieuses, de terres sablonneuses où le seigle arrive en maturité à peine une fois en dix ans, de bruyères et de genêts. Les bois même n'y sont point descendus, tant la contrée est froide et humide; ils restent sur les hauteurs dont ils couronnent les cimes. En se plaçant au milieu de cette vaste étendue, nul ne pourrait dire de quel côté les eaux s'échappent; mais il existe vers le nord des rochers qu'une violente commotion semble avoir rompus et dispersés : c'est à travers leurs débris que la Cure précipite ses eaux. Dans cette gorge étroite on n'aperçoit que les angles aigus du granit; ils percent le flanc des montagnes, ils sortent du fond des eaux et s'entassent pêle-mêle les uns sur les autres[1]. » C'est

---

[1] Ce tableau, qui complète si bien notre description

dans cette gorge pyrénéenne, à six cent quarante mètres d'altitude, que fut construite une digue en pierres de granit, tirées de la *Forêt du Breuil* et de la *Forêt-Chenue* [1]. Cette digue mesure deux cent soixante-sept mètres de long, sur vingt mètres de haut, et est munie de quinze épanchoirs, étagés par cinq, pour l'écoulement des eaux. Commencé au mois de juin 1855, sous la direction des ingénieurs en chef Lepeuple et Cambuzat, et de l'ingénieur ordinaire Otry de Labry, le réservoir fut inauguré le 13 mars 1858, mais les canaux de décharge et les travaux accessoires ne furent terminés qu'en 1861 [2].

du Morvand dans ses parties les plus désolées, est tiré du rapport présenté, en 1839, par M. Poirée, ingénieur du canal du Nivernais, sur la nécessité d'établir le barrage des Settons.

[1] Communes de Dun-les-Places et de St.-Révérien.

[2] La dépense totale pour l'établissement de ce barrage s'est élevée à 1,329,612 fr. L'eau recouvre une étendue de 403 hectares. Le périmètre de la nappe est de 16 kilom. 500 m., et la capacité du réservoir de 23,055,904 m. c. La pièce d'eau nourrit : le chevesne (poisson blanc), le brochet, la carpe saumonée, le barbeau, la féra, l'ombre commun, l'ombre-chevalier, le saumon commun, la truite des lacs, la truite saumonée et commune. La pisciculture des salmonides,

Si le cadre du lac des Settons est laid et maussade, la nappe d'eau est superbe. C'est une charmante excursion à faire en été, et une bonne partie de chasse en hiver. Le gibier d'eau y abonde et une aimable hospitalité vous y attend [1]. Quand la barque vous aura conduit au milieu de cette « plaine liquide » qui naguère ne produisait pas de blé, et qui, à présent ensemencée de poisson, fournit des pêches miraculeuses, si quelque bruit mystérieux frappe vos oreilles, ne vous effrayez pas trop, c'est peut-être le *tic-tac* de deux vieux moulins engloutis dans les profondeurs du lac, et, comme dans la légende, continuant à moudre tranquillement leur blé sous les yeux ahuris des carpes et des brochets.

C'est encore pour alimenter le canal du Nivernais qu'on réclama, en 1841, le concours des eaux morvandelles. Si pauvre qu'il soit, notre pays est généreux et prête volontiers à plus riche que lui. Vers

---

commencée par M. Prosper Vincent, en 1867, a été couronnée de succès. La féra abonde dans le lac et on y pêche des truites de 6 kilog.

[1] Celle de M. P. Vincent, fermier de la pêche, à l'obligeance duquel nous devons la note précédente.

un point [1] où l'Yonne s'échappe des gorges profondes qui la cachent depuis son berceau, on lui a pratiqué une saignée au moyen d'une rigole de dérivation, qui, chemin faisant, rencontra aux *roches de Grenois* [2] une vallée étroite au fond de laquelle se retrouve l'Yonne, venant de décrire un de ces méandres où elle se complaît. Pour faire passer cette rigole d'un côté à l'autre de la vallée, on a construit un pont-aqueduc de cent cinquante-deux mètres de long, sur trente-trois mètres de haut. Il est composé de treize arches en plein cintre, de huit mètres d'ouverture, supportées par des piles de deux mètres d'épaisseur. De loin, cette blanche ligne de pierre, aux grêles piliers, se dessine légère et svelte sur le fond sombre des montagnes qui l'entourent, mais, à mesure qu'on approche, cela s'amplifie rapidement et prend en hauteur des proportions colossales. En largeur, ce n'est guère plus rassurant que le fameux pont du *Sirath* de la tradition musulmane, ce passage des âmes, délié comme un cheveu et étroit comme une lame de Damas ; aussi, gare au vertige, si vous vous risquez sur cette

---

[1] A la jonction des trois communes de Chaumard, de Mhère et de Montigny.
[2] Près de Montreuillon.

mince corde raide qui semble osciller et fléchir sous vos pas.

Saint-Honoré-les-Bains.

Le Morvand a-t-il la bonne fortune de posséder l'*Aquis Nisinæi* de la Table Théodosienne ou l'*Alisincum* de l'Itinéraire d'Antonin ? César jeta-t-il les premiers fondements de ces thermes après la chute d'Alise, l'an 702 de Rome, et ses vétérans vinrent-ils s'y guérir de la lèpre ? Enfin, l'empereur Probus, qui a des droits tout particuliers à notre reconnaissance comme restaurateur.... des vignes bourguignonnes [1], et Constantin-le-Grand y séjournèrent-ils ? Autant de questions fort intéressantes [2], mais qui nous mèneraient trop loin et sans éclairer beaucoup la matière. Nous nous contenterons donc de dire que

---

[1] Deux siècles auparavant, l'indigne Domitien avait fait arracher toutes les vignes de la Gaule, sous le prétexte qu'elles attiraient les Barbares, qui, sur ce point au moins, auraient manifesté des goûts civilisés. Probus les fit replanter.

[2] Voir dans le – Guide à St.-Honoré – l'introduction de M. Charleuf.

dans ce petit coin de nos montagnes, presque inconnu hier et en train aujourd'hui de reconquérir son antique renommée, on trouve des eaux salutaires, des sites charmants, un excellent docteur et un maître d'hôtel hors ligne; que demander de plus à une station thermale, et quel plus bel éloge en faire ?

CHAPITRE XII

CHAPITRE XII

—o—

CURIOSITÉS NATURELLES

Nous voici encore contraint à un douloureux aveu : c'est qu'en fait de curiosités naturelles le Morvand est d'une véritable indigence. Nous parlons, bien entendu, de ces curiosités qui jouissent d'une renommée sérieuse, et, partant, de la vertu éprouvée de faire pâmer d'aise certains touristes. La nature morvandelle, redisons-le, n'est qu'une simple paysanne, un peu ébouriffée de cheveux, un peu carrée de taille, mais accorte, fraîche et bonne à voir. Ne lui demandez pas davantage ; comme la plus belle fille du monde, elle ne peut donner que ce qu'elle a. Il faut donc ne pas se faire d'illusions et reconnaître franchement que l'amateur de phénomènes ne trouvera pas son compte en Morvand. Lui recommanderons-nous, par exemple, nos maigres cascades, le *Crot-de-l'Ours*, le *Saut-de-Gouloux* [1], etc., où le *Guignon* et le *Caillot*, après avoir longtemps, comme de jeunes clowns, essayé leurs forces en timides cabrioles, prennent leur courage à deux mains et risquent un plongeon de six pieds? Le mènerons-nous admirer la *Roche-du-Chien* [2], bizarre entassement de rochers au milieu d'un site des plus pittoresques, ou la *Lieut-Mer* [3], notre lac Pavin microscopique? Mais tout cela court les chemins, et nous nous exposerons fort à voir une moue

[1] Commune de Sermages. *Crot*, trou, du bas latin *crota* (caverne, grotte). Le *Crot de l'Ours* ! cette formidable appellation date d'une époque où nos forêts étaient sans doute d'un commerce moins sûr qu'aujourd'hui.

[2] Commune de Dun-les-Places.

[3] M. Boreau, dans son — Voyage au Morvand —, a signalé ce petit lac situé à proximité de Moulins-Engilbert. Il le considère comme le cratère d'un ancien volcan; les fragments de lave vitrifiée et de basalte qu'on trouve dans le voisinage porteraient à le croire. M. Jaubert, archéologue zélé, a consacré une notice à cette curiosité.

dédaigneuse accueillir notre exhibition. Si cependant le visiteur voulait nous croire, par quelque matinée de printemps ou d'été, le bâton du promeneur, et mieux, la canne du pêcheur à la main, il s'égarerait le long des bords de l'Yonne; ou bien, pour nous être agréable, il irait dire un bonjour aux deux vieux Tilleuls, nos amis d'enfance.

L'Yonne !.....[1] voilà une vraie Morvandelle, coquette, folle, tapageuse, si l'on veut, mais foncièrement honnête ! Ce n'est pas elle, Tillier lui rend cette justice, qui imitera jamais les débordements de ses voisines ; sortir de son lit, de ce lit si propre, fait de sable si fin et de roches si polies, fi donc ! Tout au plus, dans une heure de caprice, se permettra-t-elle de mordiller un peu ses rives et de s'ébattre sur les prés; mais emporter un pont, effondrer une chaumière, manquer de respect à ses vieux moulins babillards.... jamais ! Cette « cascadeuse » a des mœurs et n'en a pas moins de charmes. Seulement, pour l'apprécier il faut la voir de près; elle gagne à être fréquentée. Descendez donc

---

[1] Faut-il rappeler que l'Yonne, la *Rivière des Vallées*, d'après le celtique de Bullet, prend sa source à 10 ou 12 kilom. au S. E. de Château-Chinon, dans la commune de Glux.

dans les gorges sauvages où sa voix vous appelle, et, prenant le petit sentier des flotteurs, large comme la main, qui contourne ses rives, suivez-la, tantôt sous l'ombre mobile des forêts, tantôt dans l'herbe touffue des prairies, escaladant ici une haie praticable, là vous faufilant dans un fourré, vous asseyant plus loin sur quelque roche escarpée, tout enguirlandée de mousse et de ronces. Vous verrez comme elle fuit follement en cavale échappée! Quels beaux bouillons font ses rapides! Quelle fraîcheur dans ses vallées où l'on ne voit qu'un coin du ciel, et quel silence là où son grondement s'apaise, où ses flots clairs s'endorment une minute! Essayez-en, touristes, mes amis, et je vous prédis que vous rapporterez du voyage une belle strophe, si vous êtes poètes; un plat d'excellentes truites, si vous êtes pêcheurs; mais, en tout cas, un superbe appétit!

Quant à nos vieux Tilleuls, c'est une simple mais utile leçon de philosophie qu'ils vous réservent. La faiblesse, la fragilité humaines, voilà ce que vous rappelleront par comparaison les *arbres de la Chapelle-du-Chêne*. La tradition tenace leur a gardé ce nom, bien que la chapelle n'existe plus [1], et que le

---

[1] Une main pieuse autant que discrète l'a relevée récemment de ses ruines.

chêne sacré, à l'ombre duquel le Christianisme
l'avait bâtie, fût mort depuis longtemps quand les
deux tilleuls, qui sont des *Sully*, lui succédèrent.
Nos deux vigoureux jumeaux [1] portent vaillamment leurs trois siècles. Du côté de la plaine, on
voit de tout loin leur dôme de verdure commander
les forêts, dont ils sont l'avant-garde. Et tandis
que les générations s'écoulent, que les mœurs
changent, que la physionomie du Morvand, cette
médaille aux rudes reliefs, va s'altérant de jour en
jour, eux, ces deux fiers enfants du granit, jeunes
et robustes comme en leur printemps, dressent
toujours vers le ciel leurs fronts entrelacés que la
foudre caresse [2], et sèment tous les ans, aux pieds
de l'humble Madone qu'ils abritent et qui les protège, le tribut de leurs fleurs.

Maintenant, aimables lecteurs, et vous lectrices
charmantes, si tant est toutefois que vous existiez
et que vous ayez mené jusqu'ici la lecture de ce
livre, puissiez-vous, encouragés par lui et lassés des

---

[1] Ils mesurent l'un et l'autre près de 6 mètres de
circonférence.

[2] L'un d'eux fut frappé de la foudre, il y a quelques
années, et ne s'en porte pas plus mal.

routes banales, essayer un jour de nos chemins mal frayés! Ils sont difficiles, vous êtes avertis ; plus d'une ronce hargneuse vous y guettera au passage; plus d'un caillou vous y fera trébucher peut-être; mais là, à vos pieds, regardez bien.......

Sur cette terre en dons avare,

Sur ce granit déshérité,

Croît une fleur qui devient rare,

Elle a nom : l'hospitalité !

APPENDICE.

Dans le cours de ce livre, nous avons maintes fois parlé du progrès en Morvand, progrès contestable sur certains points, évident sur d'autres; mais combien cette évidence devient palpable quand on compare, surtout sous le rapport de la vie matérielle, le Morvand d'il y a deux cents ans avec celui de nos jours. Vauban, dans un opuscule [1] qui nous est tombé récemment sous la main, parle de la misère qui régnait de son temps dans cette contrée, et trace avec une émouvante simplicité le triste tableau des conditions où s'y trouvaient les classes agricoles, même à cette époque de brillante civilisation qu'on appelle le *Siècle de Louis XIV*. De graves abus ont existé; il est aussi injuste et aussi ridicule de les exagérer qu'il serait puéril de les nier, quand les meilleurs esprits et les plus attachés aux institutions d'alors, les La Bruyère, les d'Argenson, jusqu'à Saint-Simon, ce grand admi-

---

[1] *Idée générale du Morvand*, dans — Nouvelle Méthode pour apprendre à lire, parler, etc., p. 173 et suivantes. — Il est vraiment merveilleux de voir à quels humbles et familiers détails descend, dans ce petit livre, ce puissant génie.

rateur de la féodalité, les ont reconnus et signalés souvent avec une généreuse indignation. Il nous paraît donc inutile de rappeler ici un passé disparu et dont l'ignorance et la mauvaise foi peuvent seules oser prédire le retour. Cependant, nous ne pouvons nous empêcher de reproduire quelques lignes qui terminent l'ouvrage de Vauban, et d'autant plus volontiers qu'elles nous fournissent d'abord un trait de mœurs qui porte aujourd'hui son enseignement, ensuite l'occasion d'enrichir notre travail d'une bucolique morvandelle; un vrai chant rustique, celui-là, et d'un goût de terroir des plus prononcés.

« Malgré cet état misérable, dit Vauban, les bergers du Morvand, mal vêtus, mal peignés, s'échauffant aux rayons du soleil, mangent tranquillement et de bon appétit leur morceau de pain *pocheté*, sans envier le sort des gros seigneurs et des grosses dames, et en chantant joyeusement l'air suivant : »

Hô! mon petiot feillot,
Lèré et lo, lère et lère et lo,
Lère et lo, hô !
Ailon voui dézeuné ;
Lo, lo, lère lo, lère et lère,

Aipourte ton pain frô,
Mai mie, lère et lère, lolère lère et lo !

Aipourte ton pain frô,
Du coûtié du Lon-pré,
Au deçô dé Pintiô ;

Au deçô dé Pintiô ;
Ie t'y feré tâté
Du mitan de mon gâtiau,

Du mitan de mon gâtiau,
Que te troûrez secré,
Mâ secré coum' o fô,

Mâ secré coum' o fô.
Quan t' l'airez aivolé,
O ne te f'ré point de mau,

O ne te f'ré point de mau ;
Ai peû te beilleré
Quéque cou de béquo,

Quéque cou de béquo,
De béquo d'aimitié
Que ne me f'ront point d' mau !

Pour finir, le berger appelle en même temps sa Pierrette et ses vaches :

> Hô! Piarotte, hô! Piarotte,
> Ven don viaz yt'chi!
> Vô, lé ôte, vô, lé ôte,
> Yt'chi! tâ!
> Beurnotte,
> Fringotte,
> Métrillère,
> Métrichaude,
> Corbinette,
> Jeannette,
> Brunette,
> Jolivette,
> Blondine,
> Yt'chi! tâ!
> Tâ! tâ! tâ! tâ! tâ!

FIN

ERRATA.

—o—

P. 6, 1. 13, *au lieu de :* en latin,   *lisez :* bas latin.
P. 35, 1. 18,   —   printannier, — printanier.
P. 87, 1. 16,   —   clotûre,   — clôture.
P. 96, 1. 18,   —   commerce,   — commerces.
P. 185, 1. 16, —   multicoles, — multicolores.

TABLE

TABLE DES MATIÈRES.

Pages

Avant-propos.

CHAPITRE I.

Un mot de géologie, de géographie et d'histoire.—Le Morvand Nivernais.—Ses limites.—Son sol.—Ses forêts.—Le pagus morvennensis.—Son rôle dans la Cité éduenne.—Le Morvand est celte.................................. 3

CHAPITRE II

Coup d'œil général sur le Morvand et ses habitants.— Le Morvand d'après les artistes et les poètes de Tillier.— Pourquoi ils ne le fréquentent pas. — Caractère du Morvandeau. — Son amour pour son pays.—Influence de l'émigration.—Qualités et défauts.— Type physique.—Opinion de M. Pierquin.— Du patois morvandeau...... 13

CHAPITRE III

Naissance et mort du Morvandeau.— La matrone.— Coutumes bizarres.— Le berceau.— Les Petits-Paris.— Garçons et filles.— Hygiène des enfants.— Le repas de la mort.— Pratiques funéraires.—Le chemin du mort.—L'enterrement ... 31

CHAPITRE IV

Mariage. Chanson des noces.— La flirtation morvandelle.— Le croque-avoine.— La demande en mariage.— La quenouille.— M. Guizot et le Morvand.— Le repas des accordailles.— La tradition des noix.— La poule et la galette.— La chanson des noces.— L'épreuve du balai.— Le festin.— La rôtie.— Les agapes morvandelles............ 43

CHAPITRE V

Fêtes et apports.— Sobriété et intempérance du paysan.— Son régime ordinaire.— Le lundi.— Scènes d'auberge.— Concerts bachiques.— Les rixes. — Fêtes mangeoires.— Le café................ 61

CHAPITRE VI

Chants et danse. Le fluteur.— Les chants morvandeaux.— L'ancien patois.— La langue actuelle.— Chanson morvandelle.— Danse ancienne : le branle ; la bourrée. — Danse moderne : la bamboula.— Le flûteur et sa musette.— Mœurs du flûteur.— Dithyrambe.................... 71

CHAPITRE VII

Habitations. Bourgs et villages. Costumes. — Les wighams.— Villages morvandeaux.— Description d'une maison.— Anciennes communautés.— Longévité du paysan.— Les bourgs.— Les hameaux.— Les huys ; leur origine.— Ancien et nouveau costumes.— Du progrès sur ce point... 93

CHAPITRE VIII

Croyances. Superstitions. Coutumes. Légendes.
— Le faux progrès.— Le sorcier.— Le meneur de loups.— Le sabbat.— Soirées d'hiver.— Légende du garde.— Les apparitions.— Le chercheur de trésors.— Bretagne et Morvand.— Le druidisme. — Les fontaines et les arbres sacrés.— Le guilanneu.— Les feux de bordes.— Les Sémites en Morvand.— Traditions romaines et grecques.— Le mai.................................... 114

CHAPITRE IX

Paysages morvandeaux.— Le Morvand de loin et de près.— Pourquoi comparer ?— Des sites morvandeaux ; leur variété.— L'eau.— Le printemps. — Les haies.— Les chemins de traverse.— L'automne.— L'hiver.— Les loups.— Conseils aux touristes... 149

CHAPITRE X

Le flottage.— La destruction des forêts.— Le flottage à bûches perdues.— La moulée.— Description du flottage............................. 165

CHAPITRE XI

Curiosités archéologiques et autres.
  Le Beuvray.— Bibracte au Beuvray.— Le némedh des Celtes.— Les maisons gauloises.— Vestiges et souvenirs.— Panorama du Beuvray.— Monuments mégalithiques.— Obscurité du sujet.— La Maison du Loup.— Le menhir de St-Léger.— La Pierre Salvée, etc.— Les dolmens de

Marigny, du Breuil, de Lormes, etc.—La Loutière et sa légende.— Haches celtiques.— VOIES ANCIENNES ET ÉTABLISSEMENTS MILITAIRES.— La voie d'Agrippa.— D'Autun à Château-Chinon; le Castrum caninum.— La voie de Château-Chinon à Avallon; l'oppidum de Verdun, etc.— RUINES FÉODALES. CHATEAUX. ÉGLISES. — Ruines de Champdiou, de Moulins-Engilbert, de Luzy, etc. Châteaux de Vandenesse, de la Bussière, de Mary, de Chassy, etc.— Châteaux modernes. — Pauvreté des églises; ses causes.—Églises de Semelay, d'Apponay, de Corancy.— Églises modernes.— OUVRAGES D'ART.— Réservoir des Settons; Aqueduc de Montreuillon; leur description.— SAINT-HONORÉ-LES-BAINS.— Aquis Nisinæi ou Alisincum ?— Ce qu'on y trouve....... 275

CHAPITRE XII

CURIOSITÉS NATURELLES.— Le Crot de l'ours.— Le Saut de Gouloux. — La Roche du Chien. — La Lieut-Mer. — Les bords de l'Yonne.— Les deux Tilleuls.— Adieu au lecteur................. 219

APPENDICE..................................... 225

ERRATA.. 229

TABLE... 233

Dudragne-Bordet, Imp. Château-Chinon.

www.ingramcontent.com/pod-product-compliance
Lightning Source LLC
Chambersburg PA
CBHW060124170426
43198CB00010B/1020